"语言生产力"专家 郭鹏◎著

10天打造完美口才②

实战篇

5分钟学会一个口才绝招儿

化学工业出版社

·北京·

图书在版编目（CIP）数据

10天打造完美口才. 实战篇/郭鹏著. —北京：化学工业出版社，
2016.6 （2024.5重印）

ISBN 978-7-122-26956-0

Ⅰ.①1··· Ⅱ.①郭··· Ⅲ.①口才学－通俗读物 Ⅳ.①H019-49

中国版本图书馆CIP数据核字（2016）第090212号

责任编辑：马　骄　　　　　　　　　文字编辑：龙　婧
责任校对：程晓彤　　　　　　　　　装帧设计：史利平

出版发行：化学工业出版社（北京市东城区青年湖南街 13 号　邮政编码 100011）
印　　装：涿州市般润文化传播有限公司
710mm×1000mm　1/16　印张 15½　字数 200 千字　2024 年 5 月北京第 1 版第 5 次印刷

购书咨询：010-64518888　　　　　　售后服务：010-64518899
网　　址：http://www.cip.com.cn
凡购买本书，如有缺损质量问题，本社销售中心负责调换。

定　　价：49.90 元　　　　　　　　　　　　　　　版权所有　违者必究

你离成功，只差一句话的距离

前些阵子看到一本书，名叫《保证黏糊：为什么有些想法幸存而有些灭亡》，出自斯坦福大学商学院教授齐普 (Chip) 和前哈佛大学研究员丹·希思 (Dan Heath) 之手，他们在书中教导大家怎样让自己的观点"黏糊"，也就是让大家理解它、记得它，并且被它说服。他们总结出了六大原则：简单 (simple)、出人意料 (unexpected)、具体 (concrete)、可信 (credible)、动之以情 (emotional) 和讲故事 (stories)。这六个单词的首个字母，正好可以拼凑出 SUCCES。

看完之后，我也萌生了自己写一本书的念头。因为，他们总结出来的原则，在口才培训过程中，都是被经常讲到的，而且我们有一套更成体系的指导方法。

我们这个民族，一直都是重视口才的。早在春秋战国时代，那些嘴上功夫了得的人，通常被叫作说客，或称之为纵横家。历史记载中，那些伶牙俐齿的说客不胜枚举，比如晏婴、毛遂、苏秦、张仪等。大家可能不知道的是，就连孔老夫子的学生子贡，也做过说客。他只不过是偶尔做了这一次说客，却值得大书特书。

当时，齐国的一位大臣田常，想要攻打鲁国。孔子知道后，派得意门生子贡去齐国做外交工作，拯救自己的国家。没想到，在子贡极力说服田常的过程中，吴国、越国、晋国的利益陆续被牵涉了进来。不得已，子贡只好一路奔波下去。游说的结果竟然一举数得，不仅让鲁国得以保全，还促成了齐国乱、吴国亡、晋国强、越国称霸的联动效应。用司马迁的话说，"子贡一使，使势相破，十年之中，五国各有变"。

可见，"一言之辩重于九鼎，三寸之舌胜于百万雄师"是毫不夸张的。大到一个国家的命运，小到你今天的心情，口才在其中都发挥着举足轻重的作用。

尤其是在今天的社会，才干和勤奋的确非常重要，但是，懂得在关键时刻说适当的话，知道哪些话不能说，也是成功与否的决定性因素。卓越的说话技巧，能让你的职业生涯加倍轻松。

不仅职场如此，你的社交、爱情，甚至你和亲人的关系，都离不开卓越的口才。难怪石油大王洛克菲勒会说："假如人际沟通能力也是同糖或咖啡一样的商品的话，我愿意付出比太阳底下任何东西都珍贵的价格购买这种能力。"

也许这种珍贵的能力，并不需要付出那么昂贵的代价。在这本书里，我针对日常生活中在各个场合可能遇到的场景，为你提供了超级实用的口才小绝招。如果能够熟练运用，相信你的口才一定会有突飞猛进的提高，不管是事业还是家庭生活，都能如鱼得水、如虎添翼。

所以我说，你和成功只差一句话的距离。补上这一句话，你就走上了人生的正轨，但是这并不是很容易做到，你还需要学习一些口才的技巧和绝招儿，反复练习，直到灵活运用。

在这本书里，包含了我多年总结和使用的66个提高口才的绝招儿，能让你从一个羞涩于张口的人，变成一个颇受欢迎的聊天高手，帮你在最短的时间内，在职场上赢得领导、同事和下属的信赖；让你在商场上赢得客户；在情场上收获爱情……

总之，我的经验告诉我，没有学不会说话的人，只有不愿努力去学的人。相信自己，相信我，你一定可以成为世界上最会说话的人！努力！

目录

第四章

如何成为一个会聊天的人？ | 049

第五章

如何让对方第一次见面就喜欢你？ | 071

第六章

如何说出领导想听的话？ | 093

第一章

为什么你需要
提高语言的情商?

不管你生性多么聪颖，接受过多么高的教育，穿多么漂亮的衣服，拥有多么雄厚的资产，如果你不能恰当地表达自己的思想，那么仍旧会百无一用。要想让别人喜欢自己，必须培养自己的语言情商，只有这样，才能打开人与人之间沟通的大门，在各种各样的人际交往中受欢迎，成就真正美好的人生。

延伸阅读 >>>

气场不对，话一定不投机!

成功的人，做得好，说得更好

　　不知道是不是受到孔老夫子"巧言令色鲜矣仁""刚毅木讷近乎仁"的思想影响太深了，我发现很多人有一种偏见，那就是："太会说话的人，是大忽悠。光剩下一张嘴，就会说好听话。"实际上是这样吗？

　　我讲课的时候，经常会给大家做一个拆字游戏。大家看看"赢"字，它由"亡、口、月、贝、凡"五个字组成，"亡"表示危机意识和强烈的时间观念；"口"代表口才、沟通能力；"月"在古汉语中表示"肉"，它代表身体要健康；"贝"代表财富和金钱；"凡"是能够耐得住寂寞的平常心。有了它们，你才会是人生赢家。

　　大家看到了，想要赢，口才必不可少，它是中流砥柱。但大家要注意了，我们常说的"口才"，它包括"口"和"才"两方面，缺一不可。

　　只有口没有才，那就是所谓"山中竹笋，嘴尖皮厚腹中空"，只有才没有口，那就是"茶壶里煮饺子，满腹经纶倒不出"。所以，那些人生赢家、

成功人士，往往是既有口也有才，他们不仅做得好，更能说得好。

有一位商人，在临行的告别酒会上讲了一段话，真是妙极了！他是这样说的：

"大家都知道，如果没有过人之才，不可能在作为金融中心的上海从事经济工作，并且一做就是十年。而我，没有什么过人之才，凭什么能一做就是十几年呢？原因很简单，因为我有你们这些朋友啊！"

你瞧，多漂亮的一番说辞！不超过一百个字，却连续用了三个转折，既有自信，又见谦虚，最后还把一切归功于朋友，让现场所有人甜滋滋的。怎能不让人喝彩呢？这样的人，从来都不会缺少朋友和人脉的帮助。

所以，**如果你想拥有一个更成功的人生，一定要重视口才的培养，并且多加练习，因为无论你在哪个行业，处于什么职位，在未来的人生中，你必须不断地向别人展现你自己，必须不断地用言语说服别人。**

比如你要创业，除非你家里特别有钱，能源源不断地给你提供支持。否则，在企业的发展过程中，你需要不断地融资，需要不断地推销自己。找风投，他们的提问一定是充满挑战的，你甚至会被问到哑口无言。企业发展得好了，要上市，你得去路演，要面对那些投资者，得把自己的思想梳理得很有逻辑，并用很清晰的语言表达出来。所以我一直觉得，做一个成功的企业家，真心不容易。

就说马云吧，大家应该都用过淘宝，他的能力就不用说了。从某种意义上来说，他甚至改变了一部分人的生活方式。他的敢想敢干，是大家都承认的。但很多人可能不知道,他的口才也是让人佩服不已的,"口才帝"马云,那绝对不是浪得虚名。

当初创业,需要筹钱的时候,他要见一位神秘人物,原定 1 个小时的讲述,马云刚讲了 6 分钟,神秘人孙正义就说:"马云,我一定要投资阿里巴巴!而且用我自己的钱。"就这样,马云用了 6 分钟就从孙正义那里拿到 2000 万美元投资。

这个口才超群的人,每年会在全球 10 所大学演讲,他曾在哈佛讲台上与诺基亚总裁激烈辩论,最终赢得了台下 1000 多名听众长时间的起立鼓掌。他凭借自己的口才,邀请过克林顿、科比、施瓦辛格等世界级知名人士站台"网商大会";他在公司内部的讲话,整理出书后,成为畅销书;他的各种演讲,场场火爆,一票难求……

我曾经想过这个问题,为什么那么多成功人士的口才都那么好,尤其是在商界?得出的结论是,在人生的关键时刻,每一句话都会决定你的命运。在那些至关重要的时刻,口才不好的人,尤其是那些反复讲都说不清楚自己意图的人,很难打动投资人,也很难点燃员工的热情,所以他们都败在了创业的路上。留下来的,就是口才出众的人。

不管你是不是想创业,好口才都对你有帮助。因为,每个人都是渴望成功的,成功的定义可以是非常丰富的,你不一定想成为亿万富翁,不一定想成为达官显贵,只要你想让自己的人生比现在更精彩、更顺心,口才就一定是你需要的能力。

你渴望的好事情都是谈出来的

天上掉馅饼的事情,基本上不会发生。即使发生了,它也不是"duang"出来的,一定有原因。其中一个非常重要的原因,就是口才好。所以我说,那些你渴望的好事情,是可以谈出来的。

"三寸之舌,强于百万雄兵;一人之辩,重于九鼎之宝。"这可是《战国策》开篇的话。在战国时代那个风云激荡、弱肉强食、靠实力说话的年代,尚且如此重视口才的威力,那么在今天呢?

说到底,我们这一生过得好不好,取决于我们能不能把身边最重要的几个人搞定。那些我们渴望的好事情,背后起决定因素的也肯定是人。所以归根到底,你的人脉和人际关系很重要。而口才,是你处理好人际关系的关键。

我的意思并不是说,你要阿谀奉承领导、巧舌如簧糊弄人才能过得好。大家可以想想看，工作中，只有口才好，你才能更准确地表达自己的思想和情感对不对？然后你才会赢得别人的理解和支持，从而和领导、同事、下属都能保持良好的关系。假如口才太差，常常会被别人误会，老是给同事甚至领导留下不好的印象，对自己的前途肯定影响很大。

　　在生活中，不管是追求心爱的姑娘，还是获得亲朋好友的支持，你肯定得开口说话。要是你"会说话"，人人都喜欢，是不是办起事情来也更顺利？

　　大家关注新闻的话，应该会知道杨利伟这个名字，他以"中国进入太空第一人"的头衔广为人知。可是，大家有没有想过，为什么是他？为什么这个历史性的时刻交给他去见证？这个殊荣是怎样落在他身上的？

　　这个谜题，直到我看到一期电视节目，才被揭开。中央电视台"东方时空"做了一期"杨利伟怎样成为我国进入太空第一人"的节目，在这个节目里。他们采访了航天局领导，领导给出了三个理由：一是杨利伟自身素质过硬，集训期间成绩一直名列前茅，这是个基础条件，很好理解；二是杨利伟处理突发事件的能力特别强，这个也很有道理，毕竟是第一次进太空，任何突发状况都有可能出现，而且还没有先例可以借鉴，这个人一定得非常灵活镇静，能很好地处理意外情况。

　　接下来就是第三个理由了：杨利伟的心理素质好，口头表达能力强，说话有条理、有分寸。为什么这一条这么重要呢？因为试验成功以后，作为中国第一个进入太空的宇航员，他一定要面对全世界的瞩目、接受各国新闻媒体的采访，还要进行巡回演讲等。总而言之，需要他当众发言的能力要过硬。那时候，他代表的可是国家形象。

就这样，从 1600 个精英里面，杨利伟被选中了。事实上，在这个过程中，还有一个细节。单单用前两个条件来筛选的时候，确定了三个人，他们各方面都十分优秀，不相上下，很难取舍。最后加上第三点，才决定让口才好的杨利伟首飞。

大家可能想象不到吧？作为一名宇航员，居然也要口才好才能赢得这种千载难逢的机会。不知道你看到这里会有什么感想，反正对我启发是挺大的，在这里跟大家讲讲。

如果你想要引起领导的注意，让他在关键的时候想起你，就得在平时给他留下深刻印象。这就要求，平时开会发言、汇报工作的时候，你要充分准备、积极发言，讲话的时候要条理清晰、逻辑性强，而且不卑不亢、不慌不忙，让领导认为你是一个可造之材、有大将之风。这样，当他需要人才的时候，就会想到你，这就是"机会总是留给有准备的人"。

人生在世，哪儿有那么多幸运呢？还不是靠自己争取来的？工作中，不管是升职加薪还是争取培训机会，这些事情，都需要你去跟领导谈；生活中，不管是恋爱还是朋友，也都要谈的。所以，当你能够与他人准确、及时地沟通，就能更好地获取自己所需要的资源，使自己的人生更加顺风顺水。

不会说话的人，地位永远不能改变

　　不管是在工作中还是生活中，你喜欢那些给你脸色看、让你听难听话的人吗？反正我是不喜欢。在我看来，这些说话招人讨厌的人，都有一个共同的特质，就是"完全不考虑别人的感受"。而这种人，想要成功，太难了。

　　出于职业原因，我对各种人的沟通能力都很感兴趣。所以不是太忙的时候，我也会跟打来电话做推销的人聊上几句，也算是给自己积累点素材。

　　有一阵子股市特火的时候，一个推销员打电话给我，问我有没有兴趣做股票，他们可以帮忙推荐。我说自己没有做，不懂。然后那个推销员看我没挂电话，开始连珠炮似地问我："哥你做什么工作的啊？你多大年龄了啊？你结婚了么？有没有孩子？"

　　我一听就不乐意了，你这是查户口吗？其实我知道他问这些问题是有用意的，想知道我的经济状况是否稳定以及可能有多少资金，是不是大客户。但是，一个素未谋面的陌生人，我怎么可能跟你透露这些私人信息？这怎么可能不让人反感？

那天赶上我心情还不错，也不算忙，就跟他多聊了几句，我说："小伙子，你平时都是这么做电话推广的？没挨过骂么？"他愣了一下，跟我说："挨骂倒是不多，被挂电话是经常事儿。"我想也是，在听完那些问题以后，像我这样肯跟他多说话的人，绝对不会多。

我非常直接地跟他说："你是新手么？刚才问的那些问题，是不合适的。换做是你，会告诉对方这些信息么？想知道这些问题的答案，你可以用更委婉的问法，然后从对方的回答里自己判断。像你刚才那样问，会把人都吓跑的。"

小伙子听到我居然开始教育他，估计也是有点晕了，就把电话挂了。如果他以后不能改进，还是像现在这样不会说话，他的职业前景，我是相当不看好的。

我还遇到过一个销售员，是房产中介。我委托他出租房子，有一天他打来电话，问我第二天上午能不能看房，我说明天上午不行，我有一个讲座，下午可以。他张口就来："你能不能配合一下……"我顿时就无语了，实在不想再把房子委托给他了。

像这种不会说话的人，生活中我们应该都见过不少。比如我有一位同学，大家坐在一起讨论某个话题，说到兴奋的时候，都纷纷表示"真是不可思议"，他就冷冷地来一句"正常啊""有什么奇怪的啊"，一副别人都是少见多怪的样子，搞得大家都很扫兴。

还有一位也是这样，有他在的地方，气氛总是怪怪的，大家在他面前能不说话就不说话。有一次，我正跟人说话，朋友问我对某件事的看法，我说完以后谦虚了一句："我的想法不一定对哈，仅供参考。"这时候他马上接话说："谁也没说你说得对啊。"一下子就让气氛尴尬了，我只好笑着自己打圆场："对啊，所以我还是有自知之明的。而且，至少我这最后一句肯定是对的。"

这种不会说话的人，特别容易让跟他谈话的人难堪，所以时间长了，大家就会避之唯恐不及。毕竟，谁也不愿意身边有一个不知道啥时候就会爆的炸弹。于是，这样的人就缺少人脉，也就缺少机会。而且，这种人往往给人不靠谱的感觉，所以也很难对他委以重任，于是他的地位往往很难得到提升。

有一个名叫理查德·班得勒的心理学家说过，当你对一个人说话时，你不是想给他传达信息，就是想改变他。但对方是否会接受你的意思，换句话说，你的目的是否能够实现，却是另外一回事了。因为，你说话的时候，成败不取决于你说了什么，而是取决于对方的反应。对方不接受你，那你说得再多，也没有任何意义。甚至，你不会说话，得罪了对方，只会给自己招来不满和敌意。

事实上我相信，故意惹恼别人的情况是很少见的，大部分人得罪别人，是自己图个嘴上高兴，"管你爱不爱听，我就是想说"。可是，你把对方惹恼了，对自己有什么好处？人与人之间，聊得来比什么都重要！不会聊天的人是没有未来的，所以，千万不要成为那些不会聊天的人中的一员，那样你将断送自己的未来。

　　从今天开始，努力做一个"会说话"的人吧，一句话能让人喜笑颜开，一句话也能让人暴跳如雷，这完全取决于你会不会说话。

说对话，受欢迎，你会更快乐

　　看到一个谈吐得体的人，你会有什么感觉呢？会不会认为这是一个有教养的人，各方面应该都比较优秀？的确是这样的人，大多数人都会这样想。所以，一个会说话、能把话说对的人，不仅能让不相识的人见了他以后留下好印象，并且能广结人缘，处处受欢迎。

　　但是大家需要注意，我这里说的会说话、说对话，不是一味迎合别人，甚至违心地编瞎话，而是把本来可能枯燥的话讲得更有意思，把本来伤人的话讲得更温和一些，把自己的情绪，不管是愤怒、批评、质疑还是抱怨，都以一种别人容易接受的方式表达出来。这样的人，他是会站在对方角度思考问题的，当然也就能让对方更舒服。

　　你说话让人舒服的程度，往往会决定你受欢迎的程度。因为所谓高情商，就是说话让人舒服。而且是那种既能够让别人舒服，也不会

委屈自己的双赢。

比如有一次上课，我的一个学生，是个年轻小伙，见到他垂头丧气的，我问他："这是怎么了呀"，他回答说："失恋了，求安慰。"我的回答是："好事啊。所有正在暗恋你的年轻女孩不知道得多高兴呢，我们得去庆祝一下。"听我这样一说，他马上开心起来了。

我骗他了吗？没有。我不必去安慰他"旧的不去新的不来"，也不用说什么"天涯何处无芳草"，这种时候，给他信心才是最重要的。但我也不能违心地说"你长得比黄晓明帅，比王思聪还有钱"，这也没用。所以，我选择了这样说，就有效地抚慰了他。看他精神振作起来了，能好好听课，我也开心不是？

会说话的人，做销售，能让别人更乐意买；身为丈夫或者妻子，更容易化解两个人的矛盾；作为企业一分子，到哪都能让人开心；做朋友，也会更容易成为一个受欢迎的人。

传说古代有一对父子，冬天在镇上卖便壶，就是俗称"夜壶"的那种容器。父亲在南街卖，儿子在北街卖。没多久，儿子的地摊前有了看货的人，其中一个人看了一会儿，说道："这便壶大了些。"那儿子马上接过话茬："大了好啊！装得多。"人们听了，觉得很不顺耳，就扭头离开了。

在南街的父亲，也遇到了顾客，嫌便壶太大。听到一个老人说"这便壶大了些"后，父亲马上笑着轻声地接了一句："大是大了些，可您想想，冬天夜长啊！"好几个顾客听了，都会意地点了点头，于是就掏钱买走了便壶。

这就是会说话和不会说话的区别。话说对了，生意也就成了，而且是让人高高兴兴地成了。话说错了，不仅事情办不好，还让人心里不痛快。

就拿这个故事来说吧，我们也不能说儿子的话说得不对，确实，便壶大装得多，他是实话实说。可是，这话太没水平、太粗俗，让人感到别扭。让人不舒服了，别人当然也不会买他的账，他的生意自然就做不好。

很多像这位儿子一样不能说对话的人，往往是因为不重视口才的重要性。他们可能错误地认为，练习口才、学说话就是去学滑头。我有很多学生都曾经有过这种偏见，结果他们发现，平时跟家人或者非常熟的朋友在一起东拉西扯的时候没问题，大家沟通得也还可以。可是一到需要办事的时候，或者一些需要发言的关键场合，自己就开始慌了，因为他们很清楚自己的口才并不好，于是经常会感到困窘，这才下决心学习口才。

对于这个问题，我觉得有必要多说几句，大家不要觉得：我是老实人，不会说话。好像老实人就必定不会说话，而不会说话是优点一样。有人说"老实乃无用之别名"，这虽然很不厚道，但在口才方面，我真的不希望大家用老实做借口。

那些人际关系不好的人，未必是因为他们人有多不好，往往是因为对人性把握不够，嘴巴不会说话。同理，那些人际关系好的人，也未必是人多么好，常常是因为洞悉人性，把话说得让人舒服。

　　所以，假如你在口才上多用点心，就发现自己受欢迎多了，因为你能让许多原先不认识或者有隔阂的人合作，能替人排解纠纷，能消除人与人之间的矛盾，还能让生活增加更多乐趣，谁都愿意见到你、和你说话。这样的人，怎么能不受欢迎呢？你自己也一定会更开心。

第二章

如何开始正确
表达你的语言？

人与人沟通交流的时候，本来因为"漏斗效应"的存在，信息的传递就有一个损耗。你心里想的是 100% 的东西，当你在众人面前用语言表达的时候，这些东西已经漏掉 20% 了，你说出来的只剩下 80%。所以，你明白的事情，别人不一定会明白，特别是当你没有精确地表述的时候，别人就更不明白了。为此，我们对语言表达的精准和质量，是要严格要求的，否则，不仅达不到沟通效果，还容易被人误会。

延伸阅读 >>>

聪明人的说法方式：
既有激情，又懂沉默！

绝招 1：给你的语言加上"表情包"

自从"表情包"这个东西诞生以后，大家在网络上聊天的时候，文字一下子变得生动起来了。由于表情包提炼了最传神的面部表情和肢体语言，完美地弥补了文字的苍白。所以，表情一发出来，对方可以直接领会，沟通起来效率特别高。不像用文字交流，还要花时间揣摩背后的语气和语调。

比如，跟别人说"恭喜"的时候，加上一个"鼓掌"的表情，即视感是不是一下子变得特别强？说"对不起"的时候，加上一个"哭脸"或者"流泪"的表情，是不是也让人更容易原谅你？在网上跟人聊天的时候，你已经离不开表情包了吧？

那么，在现实生活中，跟人聊天的时候，你有没有忘记给自己的语言也加上"表情包"呢？这个表情包，没有人帮你做出来，而是真的表情。它是无声的语言，却比你说出口的言语更重要。

比如，你嘴里说着"好"，一脸别扭和不情愿，那你真实的意思，对方一定能看明白。而一个姑娘一脸娇羞地跟你说"讨厌"，那你肯定不能按字面意思理解。

我们大部分人都知道了，言语并不一定总是真实的，人很有可能说假话。但是，想要伪装自己的表情，就要困难得多。所以，人与人交往时，大家都会下意识地注视着对方脸部的各种表情，并且由此判断他的真实意图。所以，其实不管你有没有刻意去做，我们在说话的时候，都是自带表情包的。但这个表情包到底是帮你还是害你，那就不一定了。

两千多年前的春秋战国时期，跟孟子生活在同一个时代的梁惠王，雄心勃勃想要广纳天下贤才。于是，有人就向他推荐淳于髡，说这是个贤才。于是，梁惠王召见淳于髡，并且屏退左右，想要让他畅所欲言。

可是，梁惠王接见他两次，他都一言不发，这让梁惠王觉得很难堪，就去责问推荐人："你说淳于髡有管仲、晏婴的才能，我怎么没看出来？他只是沉默不语，我看你是言过其实。"

推荐人也觉得挺没面子的，就去问淳于髡这是怎么回事。淳于髡笑了笑，回答说："确实是这样。我没说话，但我不是故意的，而是另有原因。我也很想和梁惠王倾心交谈。但第一次，梁惠王脸上有驱驰之色，想着驱驰奔跑一类的娱乐之事，所以我就没说话。第二次，我见他脸上有享乐之色，是想着声色一类的娱乐之事，所以我也就没有说话。"

这番话，推荐人原封不动告诉了梁惠王，说淳于髡善于"承意观色"，所以才这样。梁惠王一想，果真是这样。于是十分惊讶，他第一次接见淳于髡的时候，恰好有人献上了一匹好马，而第二次时，又有人进献舞伎，所以自己两次都心不在焉。于是他感叹淳于髡"诚圣人也"，再次接见了淳于髡，这一次，他非常专心，两人相谈甚欢，梁惠王对淳于髡的才学十分佩服。

大家可以看到，尽管梁惠王表现得很有诚意，但是在他自己没有察觉的时候，他脸上的表情包已经出卖了他，让对方知道，他的心思根本不在自己身上。这样的表情包，肯定是不合适的。

所以，**我们至少要让自己脸上的表情是专注的，不要露出心不在焉的表情。在此基础上，再加入其他表情作为辅助工具，让你的沟通过程更加顺利。**

但是，由于人跟人性格不一样，所以自带的表情包差别也很大。有人说话时眉飞色舞，表情丰富；有人说话不动声色，脸上看不出什么波澜。因为人们在生活中，不由自主地学会了好多手段来掩饰自己的内心，也知道了在何种情况下该掩饰什么样的表情。比如说在生意场上，最主要的就是要掩饰急躁、不耐烦的表情，如果你一旦被对方窥破，将会被认为你根本就没有诚心跟对方合作，因此你的利益将受到严重的伤害。

所以，**你的表情包，并不是想用哪个就用哪个的，它要为你的目标服务，要与你口头的言语相一致。**比如，跟人讨价还价时，当你表示自己对价格不满的时候，脸上就不能流露出对产品的喜爱或者对这个低价的窃喜。也不能在对人表示同情的时候，脸上笑眯眯的。也就是说，我们一定要修饰自己的表情，根据表达需要，从表情包里选择合适的使用。

而在一般情况下，最合适的表情包，毫无疑问是微笑了。因为微笑是全世界的通行证，是人际交往的润滑剂，会让你充满亲和力，不可抗拒。俗话说得好："眼前一笑皆知己，举座全无碍目人。"没有人能轻易拒绝一个笑脸。它不仅能缩短人与人之间的距离，还能弱化或消除心中的芥蒂和隔阂，增进彼此之间的理解和友谊。

但是，想要随时随地露出微笑，也是需要不断练习的。因为，笑就要笑得自然、真诚，不能虚情假意，更不能苦笑、媚笑、奸笑，否则就适得其反了。

绝招 2：让你的每句话都能听清楚

除了你故意想要支支吾吾、蒙混过关的场合，其他时候，把每句话说清楚，也是好口才最基本的要求。原因很简单，不管你说得多好，对方根本没听清楚，那不就是白说了吗？

跟大家讲点有意思的，很多刚来大北京的人都会吐槽："这跟普通话咋差那么远呢？尤其是坐公交车的时候，根本听不懂报站，怎么回事啊？"为什么很多人都觉得北京人吐字含糊？那是因为他们爱"吃字""吞音"。

针对这个问题，孔庆东还写过一篇文章，生动形象地给我们举了很多例子，比如："'哟，他齐婶儿呀？这不，我买点凶事去！''噢，您买星势去啊？您瞅我这刚买了一大堆！'"这个她们嘴里的"凶事""星势"是啥东西啊，那是"西红柿"！

　　的确，这种发音，会让不习惯的人完全摸不着头脑。我在这里不是要说北京话怎样，普通话和其他方言里都存在这种现象。比如很多年轻人爱说的"酱紫"，就是港台腔里的"这样子"变成的。这其实是口才训练里经常提到的一种现象，就是"吞音""吃字"造成的"丢音"。

　　什么意思呢？简单来说就是说话语速比较快的时候，会省略、吞掉某些音节，就拿"西红柿"来说，"红"的声母被吃掉，所以和"西"一组合变成了"凶"。如果"红"的声母和部分韵母都被吞掉一点，那就变成了"星"。

　　吞音、丢音虽然是一种很自然的现象，不过，当它影响到理解的时候，我们就得注意了。这些现象，一方面是因为语速太快，另一方面是因为偷懒。为了图省事，嘴巴没有张到应有的程度，所以就发音不到位，不能准确地表情达意。

　　当然，我们平时说话的时候，也没有必要像新闻联播的播音员那样字正腔圆，一个字一个字都特别清晰，但至少要做到吐字清楚，确保对方能听清楚你在说什么，不会出现理解障碍。

　　除了真的是发音不清楚以外，大家还要注意，语速别太快。因为如果你不把每个字音都完整发出来，那么，如果速度加快以后，就会让人听不清楚你在说些什么，快也就失去了快的意义。语速不是不能快，而是必须建立在吐字清楚、发音干净利落的基础上。

　　有一次，一位女士跟我讲了她的烦恼，她的工作能力强是大家公认的，可是领导已经屡次表示，让她说话慢一点，说她说话的速度实在快得让自己跟不上，听她说话让人头痛。她担心，自己要是改不过来，可能就得失业了。可是，自己说话就是语速快，怎么办呢？

我了解了一下，她的工作是秘书，每天总是忙忙碌碌的，各种紧急事务和最后期限，没办法，只好让说话的速度跟一天工作的节奏同步起来。于是，说话就变成连珠炮了，还有些音节含糊漏掉了，听着实在不舒服，我也是连听带猜才能弄明白她在说什么。

我给她的建议是，练习"速读"。这种训练方法的目的，就是锻炼人口齿伶俐，语音准确，吐字清晰。可以找来演讲词或者文辞优美的散文，然后朗读。开始朗读的时候速度慢一点，逐次加快，一次比一次读得快，最后达到她所能达到的最快速度。需要注意的是，读的过程中，要求不能有停顿，发音要准确，吐字要清晰，要尽量达到发声完整。

我还让她在办公室和家里显眼的地方都贴上几张纸条，上面写着："慢，不跳跃！"这是提醒她，吐字的时候别着急，不要跳跃，一定注意把每一句话里的词语都清楚连贯地说出来。就这样，她时时处处留心，两三周以后，声音的节奏悦耳多了。

大家如果也有这方面的烦恼，不妨也试试看。如果不知道自己说话别人是不是能完全听明白，你还可以用录音机把你的声音录下来，然后自己听一听，从中找出不足，进行改进。

一般情况下，每分钟保持120字到140字的语速是比较合适的。如果太快了，一方面可能听不清，另一方面也容易给人浮躁不稳重之感，甚至给人一种压迫感，使人觉得不舒服。如果太慢也不好，虽然能听清，但容易给人犹豫、拘谨、小家子气的印象。所以，大家别觉得这是个小问题，还是要重视起来。

绝招3：让声音不高不低，富有吸引力

　　说起声音大小的问题，我老是会想起某些人的毛病——公共场合嗓门太大，老是吵着别人。可见，这说话也不是什么时候都应该嗓门大的。像黑旋风李逵或者猛张飞一样，声如洪钟，震耳欲聋，好不好呢？需要吓唬敌人的时候好，有气势。可是平时说话，就没这个必要了。一开口吓人一跳，总归是不大好的。

　　那声音太小呢？也不好。假如你是一个女孩子，想在心仪的男孩子面前做出娇羞柔弱的样子，用低不可闻的声音说话，那没问题。但假如你是在公司会议上作报告，声音还那么小，就会让人怀疑你的专业能力和自信程度了。

　　有一个年轻小姑娘，刚刚当上老师没两个月，特别苦恼地找到我，说自己天生嗓门小，因为从小的家教很严，爸爸妈妈不允许她高声说话。于是她声音一直小小的、低低的，还长了一副柔柔弱弱的样子。读书的时候还好，老师也只是偶尔会让她声音大点。现在自己当了老师，才发现问题大了。当初试讲的时候，校领导就对她的声音很不满意，看她成绩实在优秀并且功底很好，这才录取了她。

等到正式上课的时候，她已经非常努力想要让声音更大了，可是即便她扯着嗓子喊，后面的学生也说听不到。听课的老师已经跟她反映了好几次，说她如果一直这样，会影响到班里学生的成绩。因为坐在后面的孩子如果老是听不清，也就不去听了。

她已经把嗓子都喊哑了，效果还是不好。她问了同事，同事说，你要多练习，天天喊，等到嗓子哑了，慢慢就会发现声音大起来了。她说这个建议可能是真的，但听着实在不靠谱。想来想去实在不知道该怎么办，就来参加培训，问我能够做些什么练习，或者用哪些发音技巧，可以较快地提高自己说话的音量。

我跟她说，你应该追求的，**不是声音有多高多大，而且找到一个合适的音量。上课的时候，扯着嗓子讲话，声音会变大，可是又高又尖，就会显得很假，而且让人听起来也不那么舒服。实际上，最好的做法是，让自己的声音低沉而富有魅力，并且又很有力度。这样既不用担心大家听不到，也会更加自然好听。**

比如说，罗大佑和林志炫唱同一首歌，听起来完全是两种感觉吧？那是因为他们音色不一样，音色是与生俱来的，是几乎没办法改变的。但音量可以，没有天生音量小这回事，谁都可以压低声音说话，也可以提高嗓门。所以，可以通过音量训练，来让自己的声音保持在一个合适的分贝。

我们说话的音量，主要决定于气息和共鸣器。气息是声音的动力来源，有的人讲话或唱歌声音洪亮有力，我们会说这个人"中气十足"。反过来，有的人说话或唱歌音量很小，有气无力，上气不接下气，像蚊子嗡嗡叫一样，这种人就是"中气不足"。这除了跟身体素质有关系，还跟气息调节有关。所以，我建议这个姑娘先练习气息调节的技巧，采用胸腹式联合呼吸法，用丹田的力量控制呼吸。

接下来，还要进行共鸣训练。因为单靠声带，产生的音量是很小的，必须要靠共鸣腔来放大。共鸣腔就像是一个大喇叭，让它充分发挥作用，声音就能被放大，也就不用担心声音太小。训练方法有很多种，这里给大家举一个小例子：

比如在"大声呼唤练习"中，我让姑娘假设自己正站在铁轨旁边，铁路上有一个小朋友正在玩耍，离自己很远，眼看远处开过来一列火车，但小朋友完全没有发觉，你朝着他大声呼唤："小——朋——友——，那——里——危——险——，快——离——开——！"

通过一段时间的练习，姑娘的音量明显变大了。她本身的音色挺好，再加上音量比较合适，声音听起来就吸引人多了。据她说，课堂纪律也明显好多了，学生们听得更认真了。

另外，这里我再告诉大家一个小秘密，万一很不幸，你的声音属于那种音色很难听的，那就尽量把声音降低，压低声音，然后借助扩音设备。因为一般来说，声音越低会越好听，越吸引人。

我在培训学生的时候，都会把这些道理讲给他们。其实如果有条件的话，我建议所有人，不管你是不是要播音或演讲，都可以进行一下声音训练，这对自己的职业生涯一定会有帮助的。因为受过训练的声音和没有受过训练的，听起来真的是不一样的。

绝招 4：学会"长话短说"和"急话慢说"

如果我现在让你夸一个人口才好，你会选择哪些词语呢？口若悬河？舌灿莲花？滔滔不绝？其实，这都未必是口才好的表现。最会说话的人，是言语简洁明了、又精又准的人。因为语言的精髓，在精而不在多。

有些人可能喋喋不休地说了一大堆，还没说到正题，而对方已经偷偷打了好几个哈欠。这样的表达，效果能好吗？

给大家讲一个生动的故事吧。据说，有人曾去询问著名作家马克·吐温："演说是长篇大论好呢，还是短小精悍好？"马克·吐温没有正面回答，而是讲了一个有趣的故事。

有一次，一个礼拜天，他到教堂去，正赶上一位慈善家用令人哀怜的语言讲述非洲孩子的苦难生活。当慈善家讲了 5 分钟后，他马上决定对这件有意义的事情捐助 50 美元；当慈善家讲了 10 分钟后，他就决定将捐款减至 25 美元了；当慈善家继续滔滔不绝讲了半小时之后，马克·吐温又决定减到 5 美元；慈善家又讲了一刻钟后，拿起钵子向大家募捐，马克·吐温却反而从钵子里偷走了 2 美元。

啥意思呢？他的意思是，本来只需 5 分钟就能讲完的话，却滔滔不绝拉长到一个小时，有这个必要吗？每个人的时间都很宝贵，无端浪费别人的时间，岂不是太可恶了。所以，马克·吐温用偷走 2 美元，来表示他的不满。

"长话短说"这个道理，很多人不是不知道，只是不知道它究竟有多重要，所以，平时自己也没有留心这个问题，更不会刻意去学习这方面的技巧。实际上，想要真正做到"长话短说"，并不是一件容易的事情，它非常考验一个人的语言功底。

白岩松在接受采访的时候，就曾说过这样一句话："我非常关注的是主持人的表达，我最大的目标是我今天能用 150 个字说得非常清楚的一件事，10 年后我能用 20 个字说得一样清楚。"

无独有偶，有人问美国第 28 任总统威尔逊："准备一份 10 分钟的讲稿，得花多少时间？"他说："两个星期。"又问："准备一个小时的讲稿呢？"他说："一个星期。""如果是两个小时的讲稿呢？"他笑了笑，回答说："不用准备，马上就可以讲。"

可见，越是长话短说，越要费心琢磨。那些语言高手们，都能做到像美国总统威尔逊所说的那样："一个字能说明问题就别用两个字。"因为，他们越惜字如金，每一句话的分量就越重，对方也就越在意他的所有言语。这样就能够在听众注意力集中的时段，把信息传达出去。反过来，又长又啰唆，就特别容易让人心不在焉。

那么，该怎样才能做到"长话短说"呢？没有什么捷径，大家只能在日常生活、工作中多加练习，说话的时候可以反复推敲、锤炼语句。时间久了，遣词造句的能力就会得到提升，慢慢达到精益求精的境界。

传说，宋代大作家欧阳修也曾给年轻人指导过炼字问题。一匹飞奔的马把一条躺在路边的黄狗踩死了。欧阳修问："要把刚才这事表达出来，怎样说才精炼呢？"

一个青年说："我用 20 个字即可：劣马正飞奔，黄犬卧通途，马从犬身践，犬死在通衢。"欧阳修评价说："用字太多，而且互有重复，20个字中有 2 个'马'字，3 个'犬'字，'通衢'也跟'通途'同义。"

另一个青年思考了一会儿，想出了 11 个字："有犬卧通衢，逸马踏而过之。"欧阳修说："你这简是简了些，但犬被踏死之事并未说出。"于是自己重拟了一句："逸马毙犬于道"，只有 6 个字，言简意明，让众人称赞不已。

想要拥有这种能力，这不是三两天的事情，需要一个过程。我们在平时要丰富自己的语汇，养成字斟句酌的良好习惯。与此同时，还应该注意，不能为了短而短，如果短得影响到内容的表达，那就舍本逐末了。

告诉大家一个简单的小窍门，如果你意识到自己说话有点啰唆，那就想象自己正在打收费的国际长途电话，一分钟好几块钱，这时候，你就会不自觉地删掉那些多余的言辞，做到长话短说。

除了长话短说，我们还要学会"急话缓说"。很多人平时说话还行，一着急，心就乱，话就说不清楚了，前言不搭后语，半天了还说不到点子上，于是越说不清楚越急，越急越说不清楚。

所以，越是着急的时候，越要冷静下来慢慢说，反而是着急一点用都没有。就跟考试怯场一样，越着急越答不对题，平静镇定反而能发挥很好。这主要不在于语言表达，而是心态，如果能有"泰山崩于前而色不变，麋鹿兴于左而目不瞬"的淡定心态，就没问题了。

绝招 5：重点的和非重点的，要让对方听出来

先来给大家看一个笑话。

晚上下班，老婆哭丧着脸说："老公我刚买的手机丢了。"

老公："哦？放哪儿丢了？"

老婆："放车上啊！"

老公："你下车没锁门？"

老婆："不是，锁了！车丢了！"

老公："……说话有个主次啊……"

现实生活中，主次不分明、说话没重点的人，还真不少见。很多人讲着讲着来兴致了，就会让注意力离开重点，不能紧紧围绕中心思想。枝枝节节，想说的太多，那么效果一定不会太好。

我的一位学生雪莉，跟我讲过她的一件糗事。她从事广告企划工作。有一次她终于等到了期待已久的机会，可以亲自向一个大客户展示自己新的广告企划。如果表现得好，升职加薪就都不是梦想了，所以她对这次展示非常重视。

到了展示那天，她打扮得无懈可击，PPT 事先也演示了好几遍确保不出意外。可是，当她带着迷人的笑容演示完毕以后，台下的反应让她哭笑不得。

销售经理说："你们有人听懂她刚刚到底在说什么吗？"

一位同事回答："不懂……她弄得我一头雾水。"

最后，经理说："叫她送一份书面企划上来好了。"

原来，台下诸位只知道她的展示非常绚丽，好像很不错的样子，但是不知道她想要表达的重点到底是什么。

我让她大致给我情景重现了一下，然后告诉她："你的逻辑还算清晰，但是主次不分明，就显得没有重点。从刚才你的演示来看，显然，你对自己在色彩方面的搭配非常满意，于是用了很多溢美之词去阐述，可它其实不是重点，重点在于你这个创意的切入点和文案。它们其实也很精彩，但你谈得不够多，这就有点本末倒置了。"

首先要改变逻辑思维散乱的问题，凡是思考或回答一个问题，必须考虑思维的顺序，形成这样的思考习惯并逐步解决问题。然后在每次讲话的时候，要分清主次轻重，次要的方面少说一点，着重讲核心问题。

而且，想要传达出清楚、有逻辑、组织良好的意见和信息，最好直截了当，要么开门见山，要么最后进行总结。也就是说，让你的重点是非常清晰的，一听就能听懂。如果是长篇的演说或者报告，或者在一段话里讲了好几个问题，那就要用序号明确把你要讲的几个问题罗列出来。这样既能提醒听众，也能提醒自己。

然后，你的重点，一定要用简单、容易懂的话表达出来。第二次世界大战期间，日本人偷袭了珍珠港，而后美国人担心日本再次夜间空袭，于是政府部门决定颁布一个灯火管制命令，当时的总统是罗斯福，他的秘书写出了一稿，拿给罗斯福看，翻译过来是：

"务必做好准备工作。凡因内部或外部照明而有能见度的所有联邦政府大楼和所有联邦政府使用的非联邦政府大楼，在日军夜间空袭时都应变成漆黑一片。可通过遮盖灯火或终止照明的办法实现这种黑暗。"

罗斯福总统看了这项指令以后，觉得不满意，自己写了文稿："要求在室内工作时必须遮上窗户；不工作时，必须关掉电灯。"

大家觉得哪一种说法听起来更有重点呢？第一稿那么多字，给听者增加了理解的负担，其实很多语句都是废话。这要是一份口头命令，恐怕会让人听得一头雾水。罗斯福的话非常简短，而且重点很明确，人们到底该怎样做，一目了然。

大家如果觉得自己有说话不着边际、逻辑性不强的毛病，可以试试在日常工作生活中，多练习一下"电梯测试"。所谓电梯测试，就是你选择任何一份工作报告、产品说明、性能说明等，然后让自己能够在坐电梯的几十秒时间内，向对方阐述清楚。你不一定真要找个人听，可以在心里默默讲给自己听。

比如，你的年终总结可能有十几页，但你要能够在坐电梯的几十秒里，自己用一二三四几个点总结出来，也就是把它总结成几句话，那么你在真正总结的时候，通常就能抓住重点了。

香港有一个小说家叫亦舒，她曾经说过，没有用三句话讲不完的故事。这话我相信，同样，也没有用几十秒不能概括的事情或文稿。大家不要觉得我是在强人所难，不妨试试看。

第三章

如何让自己
"听上去"与众不同?

当我们开口说话的时候,如果想要吸引听者的注意,语言的趣味性和独特性,是非常重要的。你千万不要指望别人会对你冗长、乏味、平淡的谈话感兴趣。要使你的语言听上去与众不同、能够吸引人,必然要更生动、更丰富,能够引起别人的好奇心和注意力。所以,我们有必要使用一些技巧,让自己的言语一鸣惊人,给人留下深刻印象。

延伸阅读 >>>

希望你不是这样说话的人!

绝招 6：有魔力的语言听起来都很生动

你说话的力量，远比你想象中更强大。大家如果听过乔布斯、奥巴马等牛人的演讲视频，就会看到，他们能够召唤、鼓动听众，随着自己的思路时而惊呼，时而赞叹，时而大笑，时而震撼。大家如果看过马丁·路德·金"我有一个梦想"的演讲视频，就能感受到，什么叫有魔力的语言，什么叫摄人魂魄的气场。正因为这样，这些语言，有了改变世界的力量。

我们可能暂时做不到这样用语言颠倒众生，但我们谁都免不了要跟人交流，没有谁会对一成不变、呆板、枯燥的语言保持浓厚的兴趣。所以，我们要注意遣词灵活、生动形象，不断给别人新颖的刺激，这样才能引人注目。

像打扮自己一样打扮语言，就要内外兼修。在内，要让语言的内容生动、深刻、引人注意，这取决于你的语言能力、知识的丰富程度以及品位的高低。这就要求大家多阅读，增加自己的知识储备，这样语言就不会肤浅，更容易吸引人。

　　这里给大家两个建议，第一，描述、讲述的时候，要尽量具体。比如，你说自己想要买辆车，肯定没有说想买一辆明黄色 2016 款甲壳虫效果好，因为后者会让人有画面感，不自觉地在脑海中想象它的样子。所以，印象也就更深刻。

　　第二，可以增加自己语言的表演性。如果讲话的时候能利用肢体语言，在声音、语调、手势、体态上模仿和再现所讲的情节内容，活灵活现地展现自己的思想，声情并茂，听者就会身临其境，大受感染。

　　比如下面这段话："那天晚上我正睡得香呢，突然一阵电话铃'呤呤呤'地就响了，把我吓了一大跳。我惊得差点没从床上翻下来……"在这里，说电话铃响的时候，就模仿了铃声；再说"吓了一大跳"的时候，还可以做出吓一跳的动作，例如快速抖一下肩膀；最后说"差点没从床上翻下来"时，也可以做出模仿翻下床的动作。这样说下来，一段描述就会显得丰满、生动、富有画面感，仿佛让听者身临其境。

　　由于平铺直叙的语言，显得过于平淡。所以我们得努力让它有起有伏，这样才会富有感染力，唤起对方的兴趣。比如，"你不知道，我听到他的话，整个人都凝固了！两秒钟后我才反应过来，那汗啊，噼里啪啦往下淌！"这种形象的语言，是不是会让人印象更深刻呢？

　　而在外，要注意说话时的语气、语调、语速、节奏、音量等外在包装。它能把一句最普通不过的话语变得掷地有声，也能让原本平淡的语气变得抑扬顿挫，牢牢抓住听众的耳朵。大家感兴趣的话可以去看看美剧《白宫群英》，有一集的内容是如何训练总统候选人演讲技巧的，对大家可能

有不少启发。

比如，你可以不断变化音调，用抑扬顿挫的变化传达情感；用恰到好处的停顿，引起人们对重点内容的深入关注和思考；呼吁、号召时提高音量，增强戏剧效果，等等。

针对语言的力量这个问题，我曾让学生们做过一个情景实验。

我的角色是跟大家在同一个公司的同事，不在同一个部门，所以也不是经常见到。这天见面了，跟你打招呼，问你："嗨，最近过得还好吗？"你会怎么回应呢？

大部分人的回答是："挺好的""哦，一般般""就这样""还活着""还不错""还行吧"。我相信，你的答案估计也和这个差不多。

但是，其中有两个学生的回答让人印象深刻，他们充满干劲地回答："非常好！""棒极了！"现场的所有人都对这两个人印象深刻，他们的那种热情也感染了大家。

的确，所有人都知道"过得还好吗"是一句寒暄，别人根本不关心你是不是过得好，过得不好他们也不会帮你忙。所以，基本上所有人对这种问题的答案都是中规中矩，毫无特色。但是假如你遇到一个人，对这种无须认真回答的问题都这么有力地回应你，一定会让你印象深刻，觉得他与众不同。

所以，想让自己的语言有魔力，一方面，我们可以让自己的语言是与众不同的、生动传神的；另一方面，我们要让它充满热情、富有感染力。试着从这两方面做起，慢慢地，你会发现自己的语言越来越有力量。

绝招 7：会使用幽默的人更受欢迎

虽说喜剧往往都没有悲剧更深刻，但千百年来，人们还是那么喜欢看喜剧。为什么呢？它能让人快乐。幽默也一样，它能让人开心。不管是陌生人还是亲朋好友，幽默都有助于营造融洽友好的人际氛围，让人轻松快乐。

所以，一个幽默的人，往往都是特别受欢迎的，也是在人群中特别显眼的。幽默不会叫你由矮变高，或由胖变瘦。它也不会帮你付清账单，不会替你工作，更不会让别人对你一见钟情。可是它却可以增添你的魅力。

有一位年轻人，想要应聘一个职位，简历寄去后，对方将抱歉未能录用的 E-mail 发给了他。可能是由于系统错误，对方发了两封抱歉信给他。他毫不犹豫地回了一封信："既然您对未能录用我如此遗憾，为什么不给我一次面试机会呢？"不知是不是这封信起的作用，后来他得到这个公司另一个更好职位的面试机会。这就是幽默的作用。

在并不总是美好的生活中，幽默是一道阳光，总能让人心花怒放。而谈吐幽默的人，更被认为是聪明的、机智的，因为诙谐风趣常常是应景脱口而出的，事先无法准备。这样机灵且能给人带来开心的人，怎能不让人印象深刻？怎能不讨人喜欢？

大家可能不知道，我们都熟悉的姚明，除了篮球打得好，口才也是相当不错。

我们看两个例子吧，在接受媒体采访时，一名记者问姚明："泰格·伍兹对高尔夫球的发展做出了巨大的贡献。而篮球在中国比高尔夫球影响要大得多，你认为这其中你的个人影响力有多大？"姚明狡黠地称："我想，那是因为篮球比高尔夫球大一点点吧。"

一名记者问："你将来如何对待媒体的围追堵截？"姚明又是幽默地说："尽可能跑得快一些。"记者接着追问："在这里最害怕什么？""希望大家不要将我逼进厕所。"姚明说完自己也笑了。

对此，美国一家媒体幽默地评价道："姚明大概是我们除了烤鸭酱外，从中国进口的最重要的东西。"所以，姚明能够成为世人瞩目的偶像，除了专业技能出众，他充满智慧的大脑和口才也起了很重要的作用。

大家都想让自己拥有这种能力吧？可是很多人会觉得苦恼：我也很想幽默啊，可是自己就没那个细胞怎么办？

我往往会告诉他们，幽默不是天生的，它不是某些人的专利，而是人人都能掌握的语言艺术。但也不是人人都有的，它属于乐观的人。而且，幽默的谈吐是建立在说话者思想健康、情趣高尚的基础之上的。一个心

胸狭窄、思想颓废的人很难有幽默感。

有了心态做基础，接下来大家可以学习一些技巧。首先是多积累素材。比如，日常生活中，我们要多观察生活中的细枝末节，多看笑话、喜剧片、相声小品，或是多看一些名人轶事中的幽默，并且记住适合自己的那些幽默语句，合适的时候就可以模仿、挪用。

然后，大家慢慢地可以学着自己创造幽默，下面有一些技巧跟大家分享。

第一个也是最常用的要数相声中的抖包袱。很多话，实话实说，平铺直叙就缺乏吸引力，而如果前面做了很多铺垫，最后来个出其不意的结果，效果就非常好。就像说相声的人抖包袱，前面的引子越多，步入抖包袱的过程越长，越容易逗乐。

比如，一位顾客到一家理发店去理发，碰巧遇到的又是上回那位不太认真的理发师。他灵机一动，大声说道："太好了，上次也是你给我理发。"边说着边竖起了大拇指："上次理得太好了！"理发师略感意外，但还是很高兴地说："哦，谢谢，谢谢。"顾客这时候走近理发师，压低嗓音说道："好就好在我老婆不要我陪她逛街了！"

第二个是移花接木。有些词在修饰不同的对象时，意思是大相径庭的。例如有人说："我工作不突出，人缘不突出，就腰椎间盘突出。"这种幽默表达，就是移花接木。

第三个是比喻。运用恰当的比喻可以使言谈话语既形象生动，又风趣幽默。例如："电视最大的弱点就是广告太多，使节目柔肠寸断。"这就幽默地表达了对广告太多的不满。

第四个是曲解。把本来不相干的事物，巧妙地加入到原先叙述的事物中，从而得出新的知识、体验和结论，造成诙谐可笑的情趣。比如老师问："古代女人为什么要裹脚？"小明大声回答："怕她们逛街。"老师接着问："那么为什么现在不裹了？"小明继续回答："现在有了网购，裹脚也没用。"

第五个是夸张。夸张会用奇妙无比的谐趣，带来幽默效果。比如，马克·吐温外出，火车开得很慢。有人来查票，马克·吐温干脆递给他一张儿童票。查票员说："你真有意思，我看不出您还是一个孩子哩！"马克·吐温答道："现在不是了，但在买票上车时是的。"

除了这些，还有一语双关、褒词贬用、拟人、巧借话题、自我解嘲等很多幽默手法可以运用。事实上，真正的幽默要以智慧和理性为内核，以契机为催化剂。它不仅含有笑料，更重要的，是它的含蓄、深沉和犀利，给人以无穷的回味和智慧的启迪。只要你以一颗乐观的心看待世界，开动你的脑筋，往往就会有出人意料的妙语。所以，试着开发属于自己的幽默能力吧，它会让你的生活充满更多乐趣和笑声。

当然，玩笑也不能过分，幽默不当可能就变嘲讽了，所以我们使用幽默的时候也要注意以下几点：不要不分场合、场所而开玩笑；不要刺伤别人的心，可能伤人的玩笑不能开，比如不可用玩笑来蔑视别人的职业、缺陷，不要挖苦女性的体重、容貌；不要不顾对方的性格特点。在这些方面多留心，才能避免把幽默变得低俗，从而让幽默真正发挥效用。

绝招 8：玩转褒贬，反弹一把琵琶

想要让自己听上去与众不同，很简单，跟别人不一样就可以。从常规的反面入手，独辟蹊径，往往会别有洞天。比如，大家都在骂的时候，你开口去夸，但大家细细品味后，发现你这是绕着圈子在骂。这样说话，就能让你显得更与众不同。

简单来说，这就是正话反说、反话正说的语言表达方法。也就是，在表达某种意思或说明某个问题时，你不从正面说，而从反面说起，用同本意正好相反的话语，来表达本意。字面上是肯定的，实际是否定的，形褒实贬；或者字面上是否定的，而实际上是肯定的，形贬实褒。

这是一种拐弯抹角的迂回表达方式，反其道而行之，不仅可以让你的话语更耐人寻味、令人印象深刻，而且很多时候还可以有效地避免尴尬。

给大家举几个例子看看吧，这样体会更深刻。

比如，日本有一家名叫美津侬的体育用品公司，它在自己生产的运动衣口袋里，放了一张这样的说明书："在日本这件运动衣是用最优质的染料、最优秀的技术来染色的，但我们仍觉得遗憾的是，染色还没有达到完全不褪色的程度，还是会稍微褪色。"

没有一家公司想要自曝其短吧？可是它们就是这样做了，表面上看起来很傻，但实际上很聪明。衣服褪不褪色，是隐瞒不了的。倒不如自己先诚恳地指出来，并且道歉，反倒让人印象更深刻，也更容易原谅："你瞧，人家已经努力了，都不容易，那就算了吧。"

还有一家卖保险柜的生产厂家，它的广告是这样做的："我们的保险柜最大的缺点就是必须用密码开锁。不然的话，要用焊枪切开，这是唯一的办法。记密码有困难的人，请不要使用本款保险柜，免得麻烦。"

表面上看起来，这是在暴露自己产品的缺点，实际上，这是典型的明贬暗褒。它所谓的"缺点"，正是优点所在。只有密码才能打开，这不是正说明这款保险柜的保险性能异常好吗？想买保险柜的人，谁愿意它能轻易打开呢？

所以，用这种正话反说的方法，会比"王婆卖瓜"更真实，更能让人听进去，从而收到以退为进的效果。

而反话正说，则可以更加委婉地表达自己的不满、批评，听起来会更顺耳一些，以免对方面子挂不住，让气氛降到冰点。所以，那些难以启齿或者不便直说的话，就可以从相反的角度正话反说，这样会让你言语中的棱角，显得不那么伤人。

比如，有一则宣传戒烟的公益广告是这样说的："抽烟有四大好处：一省布料，因为吸烟易患肺痨，导致驼背，身体萎缩；二可防贼，抽烟的人常患气管炎，通宵咳嗽不止，贼以为主人没睡，就不敢行窃；三可防蚊，浓烈的烟雾熏得蚊子受不了，只得远远地避开；四可永葆青春，不等年老便可去世。"

这就是典型的反话正说，表面上句句在说好处，实际上每一条都是害处。谁都知道吸烟有害健康，所以你列举出它的坏处，不足为奇，也引不起大家的重视。而这样说，会让人感到特别新奇，读完以后，会心一笑，印象特别深刻，效果当然也就更好。

再比如，有一位网友是这样投诉手机质量问题的："这款手机绝对独一无二——节约：每隔五小时就自动关机；安静：有电话进来也不响铃；忠诚：我找到手机领导，想退掉它，换掉它，它愣是不肯走。"跟上面一个例子异曲同工，都是妙用褒贬的例子。

再比如，郭德纲有一个相声叫《梦中婚》，里面有一段是这样说的："发财了，什么好吃我吃什么，拣贵的吃！吃削面；拉面，一碗宽的一碗细的；牛肉面；方便面；买俩肉串、一个大腰子；吃龙虾，上簋街，来一个麻辣小龙虾，我带着饼就着吃；买一斤西瓜……花钱如流水一般……"

这就是反话正说，这本来是一个人发财后的自我吹嘘，口口声声拣贵的吃，但列出来的食物，没有一种是贵的，他居然还认为这样就是花钱如流水。这种强烈的对比，就可以产生喜剧效果，对人的讽刺也更入木三分。

　　大家如果想让自己的言语更吸引人，就得让它新颖，让人意想不到。所以，不妨试试这种反话正说、正话反说的方法，把褒贬运用得炉火纯青，就可以产生无限的谐趣。那些既出乎意料，又合乎情理之中的言语，会让人回味无穷，也会让你给别人留下良好的印象。

绝招 9：让自己听上去很有见解

　　跟人交谈的时候，你肯定希望自己听上去是很有见解的，这样别人才会重视你说的话，同时也会对你高看一眼。在你自己特别擅长、而别人并不那么了解的领域里，要做到这样没问题。可是，你不一定擅长所有领域，有些话题你并不是很了解。或者，在人人都能发表意见的一些话题方面，你怎样说话，才能让自己显得有见解、引人注目呢？

　　首先可以试试逆向思维。逆向思维也叫求异思维，它是对司空见惯的、似乎已经形成定论的事物或观点，反过来思考。这种思维方式敢于"反其道而思之"，让思维向对立面的方向发展，从问题的相反面深入地进行探索，当然也就与众不同了。给大家举个例子。

比如，大家都知道，孟尝君是战国四君子之一，他招揽各诸侯国的宾客，给他们丰厚的待遇，因此天下的贤士很多人归附他。他手下的食客，常常达数千人，所以，以"好养士"著称。尤其是他身陷暴秦，被鸡鸣狗盗之徒救出的事，更是家喻户晓，为此孟尝君一直受到赞扬。

然而王安石不这样想。他写了一篇文章，大意是这样说的："世上的人，都说孟尝君能够招贤纳士，贤士因为这个缘故归附他，而孟尝君终于依靠他们的力量，从像虎豹一样凶残的秦国逃脱出来。唉！孟尝君只不过是一群鸡鸣狗盗的首领罢了，哪里能说是得到了贤士！如果不是这样，孟尝君拥有齐国强大的国力，只要得到一个贤士，齐国就应当可以依靠国力制服秦国，还用得着鸡鸣狗盗之徒的力量吗？鸡鸣狗盗之徒出现在他的门庭上，这就是贤士不归附他的原因。"

他的原文，仅仅九十个字，却充满了力量，被誉为"文短气长"。别人都说"孟尝君能得士"，王安石偏不这样想，他别出新见，采用以子之矛攻子之盾的论证手法，通过对"士"的标准的鉴别，无可辩驳地把孟尝君推到"鸡鸣狗盗"之徒的行列，让人耳目一新，印象特别深刻。所以，这篇文章也赢得了极高的赞誉，被评为"千古绝调"。

像这样的文章，是不是看起来就特别有见解？所以，当大家都朝着一个固定的思维方向思考问题的时候，你抓住某一个点，偏偏朝相反的方向思索，这样一来，一般都会产生新颖而独到的见解。

比如，大家都说"开卷有益"，开卷读书必有好处。但你可以说，如果只顾开卷读书而不进行思考，那么"学而不思则罔"，也会带来害处；

还可以说，"读万卷书不如行万里路"，知行要结合起来，才是真正有益的。这样，你听上去就是很有见解的。

其次，我建议大家可以多掌握一些术语。专业人士跟业余人士的很多差别，就在于术语。理论上，大白话更容易听懂，但术语能让你显得更专业、更权威、更有见解。所以，大家可以根据场合和目的，选择用不用术语。

比如，有一次，一个人跟我抱怨，说他女朋友特别喜欢吃提子，每次都买特别多，可是又吃不完，老是吃一半扔一半，太浪费了。可是说她也不管用，下一次还是买特别多。而且，不仅仅是提子，凡是她自己喜欢的，就老觉得别人也喜欢。他抱怨了一大堆，我接了一句："这很正常，这就是心理学上说的'虚假同感偏差'，人总是会高估或夸大自己的信念、判断及行为的普遍性。老是假定自己与他人是相同的，自己有疑心就认为别人都是疑心重重，自己喜欢玩电脑游戏就会高估喜欢电脑游戏的人数。"

他一听，眼神立马变成很崇拜的样子："对对，就是这样。老师您总结得太到位了。"这肯定不是我总结的，只是我对心理学的一些术语略有了解，所以拿出来讲了讲罢了。

大家可以看到，如果别人讲述的某个现象或者观点，他们需要用一大段话来描述清楚，而你只用一个术语、一个成语或者一句精辟的话就能概括。那么，一定会让别人肃然起敬，对你刮目相看。

我给大家的第三个建议是，**多读书，多看一些别人的观点**。即便是创新，也往往要建立在借鉴与模仿的基础上，观念创新、语言创新也一样。很多独到的见解，无非是一个别人想法的拼接物。只不过很多人不知道这些创意的来源是什么。爱因斯坦说："创造的一大秘诀是要懂得如何隐藏你的来源"，说话也一样。

但是不管怎样，想让你自己的话听起来更有见解，就不要试图去糊弄别人，以免被戳穿后无比尴尬，我们要让自己有渊博的知识，这样说出来的话才有根据、有说服力，而不是完全的主观臆断。同时，也要善于分析、勤于思考，对自己经历过的事以及看到的事，多去琢磨，时间久了，你说出来的话，才更可能有自己独到的理解。

绝招 10：你的经历是你最闪亮的 "名片"

我有一位朋友，曾经借给自己一位刚上班的下属 10 万块钱。大家都说他傻："他才刚上班，你也不知道他是什么样的人，怎么就敢借给他这么多钱?万一他不辞而别了呢?你这钱不就打水漂了?"

朋友是这样回答的:"我家女儿墙上的照片里有他。他是女儿做义工小分队的领队。他每周组织活动,其他队员可以根据自己的时间不定期参加活动。这个年轻人做了那么久义工,也没有向任何同事吹嘘,这么踏实善良,人品一定不会差。"大家听了,都表示赞同。

我想说的是,不管大家有没有意识到,我们所做的每一件事,不管好的坏的,都是你的名片。所以,大家在讲述自己经历的时候,千万不要低估周围人的判断力,也许在你不注意的时候,已经递出了名片,被人贴上了标签。这些名片有好的,也有坏的。对我们来说,要努力递出去好的,让它成为你最闪亮的名片。

除了给自己的形象增色,你的经历还可以为口才增色。在与人交谈的时候,或者讲某些问题的时候,想要一鸣惊人或者与众不同,大家可以从自己的经历入手。

比如,假如现在要你去做一次演讲,讲讲我们应该节约用水,因为每一滴清水都是非常宝贵的。毫无疑问,这个话题已经被讲了太多太多遍,很难讲出什么新意来了。怎么办呢?我们来看看别人是怎样讲的,他讲了这样一个故事:

"经过联合国的统计,每分钟在非洲就有一个小孩子因为水的问题而死亡,这也意味着我们很轻松地拧开水龙头的时候得到的这一盆清水,有很多人必须要用生命去换取它。

　　"我对水有那么深的感悟，来自于一个孩子。有一天我跑在 50℃的撒哈拉沙漠上，我看到了一个小男孩，他枯坐在撒哈拉沙漠的正中央，旁边没有任何东西，只有一个一个破旧不堪的塑胶桶，里面装着污水。因为好奇，我走向前，原来这个小男孩在等他的父母。他父母远去 70 千米、来回 140 千米的地方，去取水给他喝。我们算了一下，这个路程大概要3 天的时间，那也就意味着，这个小男孩必须要喝 3 天污水来生存。我没有想太多，留下了 3 升的水给他，还给了他一盏夜灯，我希望这个小男孩晚上的时候，在撒哈拉沙漠不会感到害怕、寂寞。

　　"有些人问，那为什么小男孩他们不住在水源地的旁边，这样取水多方便。因为在沙漠水源地旁边，有很多的蚊虫会传染疾病。在沙漠里面也没有医生，更没有医疗设备，当然也没有可以救命的药丸。所以，当地的沙漠居民宁愿选择住在离水源地几百千米以外的地方。这个小男孩就蹲在撒哈拉沙漠的正中央，等着父母回来。父母回来了吗，还是父母回来之后这个小男孩已经不在了，我们不得而知。

　　"对你们来说有没有感觉到原来一滴清水有如此的珍贵，而且期待无比。你们知道吗，这个地球上还有 10 亿人没有清洁用水可以使用，但超过一半的淡水资源被我们大量地破坏、开发，如果我们再不珍惜现在、再不珍惜每一滴水，很有可能，我们未来的子孙，就像这小男孩一样，蹲坐在沙漠里面等着父母回来。"

　　这个故事，是不是瞬间就把这样一个老掉牙的话题讲得无比生动，让人印象极为深刻了呢？讲这个故事的人，名叫林义杰，是台湾一个长跑者，他曾经获得世界四大极地超级马拉松总冠军，他的双脚曾经跑过北极、南极，穿越过撒哈拉沙漠，也闯过亚马逊丛林。

他的演讲技巧其实没有多炫目，语言也没有多么精彩，但是，就是这样娓娓道来，却感人至深。那是因为他的故事内容本身已经非常有价值了，对他来说，他的经历本身，就是无比重要的财富。

我们的人生，可能没这么传奇，但每个人的经历都是独一无二的。而且，在讲述这些我们亲身经历的事情时因为有切身感受，所以往往会更生动、会加入更多细节和心理描写，也就显得更真实，更引人入胜。所以，我们要善于利用这些素材，多讲自己的经历。

第四章

如何成为一个会聊天的人？

成为一个会聊天的人，也许是生命中最基本、最重要的一件头等大事，重要性远超我们想象。一个会聊天的人，在跟任何人交谈时都能做到气氛融洽，他们从来都不缺话题，似乎从来也不会冷场。甚至，他们还能让对方打消顾虑跟自己滔滔不绝。这需要大家不仅会说，更要会看、会听，每一个小细节中，都蕴含技巧。

延伸阅读 >>>

天生内向的人，
也能拥有好口才么？

绝招 11：营造轻松愉悦的谈话环境

跟别人谈话的时候，不管你有没有注意到，都存在一个谈话的大环境和小环境。大环境是你们所处的场所，小环境则是你们两个之间那种微妙的气场。什么样的环境才能有助于你们迅速展开谈话，并且相谈甚欢？当然是轻松愉快的环境，它是缩小人与人之间距离的有力武器。

选择一个合宜的谈话环境非常重要，因为从某种意义上来讲，环境决定心境。一个人对周围环境的感觉，会对谈话时的情绪产生重大影响。而谈话时的情绪，又会直接决定谈话结果。所以，如果可以选择的话，大环境尽量选择开放的空间，这时候人会比较放松。

很多时候，谈话的大环境我们选择不了，这时候尤其是要注意谈话对象之间的小环境。而想要营造出轻松愉快的谈话环境，首先你要做到

面带善意、神情温和。一般来说，微笑都是必要的，而且需要那种发自内心的真诚微笑，它会让人不自觉地放松下来。

所以，放松一点，带着喜欢对方的心情露出微笑。如果对方感受到了，那这种感觉也会传染给他。人都喜欢跟让自己舒服、放松、开心的人在一起，并且愿意跟这样的人聊天。

朋友的儿子正值青春期，脾气变得很暴躁，就像一个炸药包，动不动就炸了。他本来跟妈妈关系很好的，可是由于经常莫名其妙大发雷霆，害得妈妈见他也没好气，家里的气氛变得非常紧张。

这不，晚上儿子趁父母不在，又开始玩游戏了。妈妈一回家看到儿子又在玩，气就不打一处来，拉长脸开始唠叨他："你马上都要中考了，还玩游戏，别玩了。"

儿子不高兴地顶了一句："学习不也得劳逸结合啊，我这才玩儿了多大一会儿。"

妈妈看儿子顶嘴，也不高兴了："我们不是说好了么，周一到周五不能上网玩游戏，只有周末才能玩。"

儿子的游戏肯定玩不了了，妈妈又在旁边一直唠叨，他又发飙了："我都这么大人了，不是小孩子了，别天天管我那么多，我自己有分寸。"

妈妈也急了："你天天吃我的喝我的住我的，这翅膀还没硬呢，就想飞了？不想让我管了？好啊，等你能自立了再说吧！现在你就得听我的，关电脑，睡觉。"

儿子看妈妈发脾气了，赌气把电脑一关："你满意了吧？我要睡了，你出去吧。"

　　妈妈本来想跟儿子谈谈心聊几句，可是看儿子这抗拒的态度，也就无奈地出去了。

　　等到朋友回家的时候，妻子正在抹眼泪，跟他抱怨，说儿子真是越来越不听话了。朋友安慰妻子："别生气，这熊孩子，我去教育教育他。"

　　说着，他去敲儿子的房门，因为他知道儿子一定还在偷偷玩，肯定没有睡觉。儿子打开门，朋友看了一眼正在关机的电脑和儿子的满脸不情愿，没说什么，而是亲切地笑着："听说又跟你妈闹别扭了？这才九点多就睡呀。爸爸刚回家，你不想见见我啊？我跟你说，你不想见也得见，今天可由不得你，因为今天我生日，你得听我的。"

　　儿子一听，愣了一下，想了一会儿说："不对啊，你是正月生，现在可是五月。"

　　朋友看着儿子一脸迷茫的样子，乐了起来。儿子也反应过来了，不好意思地笑了。两人这一笑，气氛一下子轻松起来。接下来再谈玩电脑的事情，儿子特别配合，表示是自己不对，但今天的学习任务都提前完成了，所以想放松一下，以后还是会按约定来。事情就这样顺利解决了。

　　我这位朋友，是深谙谈话之道的，他知道在调节好情绪后再开口。这一点，非常值得大家借鉴。如果你想让对方认真跟自己讲话，就必须创造舒适、轻松的谈话环境，就需要用好你的表情和眼神。用放松、微笑的表情告诉对方，你是喜欢他的；用亲切的眼神表示，你是关心他的。这种无声的语言，传达的信息是："我很满意，你使我快乐，我很高兴与你谈话。"无疑，这是一种激励人心的力量，会让对方更愿意接受你说的话。

　　如果说开口之前，面带善意可以营造一个轻松愉悦的环境，那么在

你开口以后，就需要口出善语了。否则，当你微笑着说出："你也该还我钱了吧。"气氛还是会变紧张的。所谓口出善语，就是不管什么样的情绪，都尽量用不伤人的、温暖的、乐观的、向上的语言表达出来。

比如，美国南北战争中，平民出身的格兰特将军与韦策尔将军脾气不合，作战中不能有效地沟通。有一天，韦策尔找到林肯，强烈要求林肯总统撤掉格兰特的职务，理由是格兰特喝酒太多。林肯听了以后，找到格兰特。格兰特知道自己被打小报告了，本以为会挨骂，但林肯却是这样说的："格兰特将军，我真的为你感到欣慰，你的部下和同事都在夸你总是打胜仗，韦策尔将军还很欣赏你酒后不慌乱的风度，等战争结束了，我一定请你喝酒。"

听到这些话后，格兰特主动与韦策尔将军打配合战，为结束南北战争立下了赫赫战功，并与韦策尔将军建立了深厚的友谊。

荀子说："与人善言，暖于布帛。"所以我一直认为，只要你真的为对方着想，在意对方的感受，那么不管多么难以启齿的话，都可以用更好接受的方式说出来。有时候，我们甚至可以说一些善意的谎言，即便对方察觉了，也不会责怪你。只要，你让对方感觉到你的善意。

绝招 12：好的话题从哪里找？

我有个学生小马，是个刚毕业的男孩子，人很好的，每次见到我都很有礼貌，回老家一定会给我带一些特产，人特实在，我也挺喜欢他。而且，据我观察，小马人缘也不错，有很多好哥们儿、好兄弟，没事就陪他一起来听课。

有一次，我和小马聊天，我就说："小马啊，你谈朋友了吗？年轻人可不是非要先有事业再有爱情啊，过去我们说成家立业，成家在前，立业在后，你看成家是多重要啊。"说到这里，小马有点面露难色："郭老师，我有点困惑，我不是不想谈朋友，就是发现我嘴特别笨，每次面对女生吧，都不知道说什么。"

喔，我一下明白了他的问题，不太擅长找话题。其实很多年轻人都会遇到这种情况，别看自己平时和朋友能说会道的，但真到和异性相处的时候，就找不着话题，这种"没话说"的场面令人尴尬，很影响双方的继续发展。

说到这里，我想提醒一下各位单身的男青年们，千万不要认为自己人好就一定能得到对方喜欢，沟通是很重要的。我们不是经常见到那些年轻漂亮的女孩子，被能说会道的"坏小子"带跑了吗？

所以，我希望大家能告别郭靖那种"人好话少力气大"的英雄形象，好好练口才，让自己和谁都能聊得开，"人好话好性格好"才更有魅力对不对？

其实小马这种情况，一方面可能是由于紧张造成的"大脑短路"——见到美女脑子转不动了，想不出话题了；另一方面就是真的不懂得如何找话题。其实，话题真的并不难找，只要用心就能找到突破口。

有经验的人不会一上来就随便找个话题展开谈话，比如你和一位女士刚刚见面，你上来就问她最近有没有看英超或 NBA，那是极为失败的做法。你首先要做的，是从双方都已经熟悉的一些事物或新闻上找话题。

例如对方如果已经工作了，你可以这样问："怎么样，最近工作还顺利吧？"虽然这种问话略显平淡，但至少是一个双方都很容易接受的开始。这个问话会出现两种情况，一种是对方想和你聊工作，就会和你滔滔不绝说上一些，这个时候你就切入工作这个话题聊聊职场的感受，和对方进行互动。

当然还会出现第二种情况，就是对方不想聊，但是会简单地回复你。例如，"嗯，还行吧""有点忙"，等等。

当出现第二种情况的时候，你要记得给对方的回复做一个互动，例如当对方说"有点忙"的时候，你可以说："是啊，忙点好啊，不过也别太累。感觉累了，适当出去旅行一下呗。"你这样的回复很自然，而且也把话题往另一个方向上引导——旅行。

这个时候对方或许就会顺着你的话开始说一些旅行的计划、经历，如果看到对方也没有太多的反应，不要着急，可以这样说："我有一段时间也是忙得吃不消了，然后……"可以向对方说一些自己的经历，这样一方面能让对方对你有所了解；另一方面也能让对方逐渐参与到聊天的状态中。

并不是所有的聊天都是从一开始就非常热烈的，各位，一定要有这样的心理准备。或许你今天要见的客户，根本就不是一个爱聊天的人；或许你在楼道碰到的同事，今天心情不好没什么心思说话，这些情况都是很有可能出现的。

你一定要做到自然，这是一个需要经常练习才能找到的感觉。当然一开始，我们不熟悉的时候找话题难免有一种突兀感，这没关系，说明你欠缺这个练习，但是时间久了，当你成为沟通老手之后，一切由你掌控。

好了，接着上面的话题说，我们在聊天的时候，寻找话题要尽量先从双方都有认知的领域开始，例如彼此都有小孩，那可以先从孩子开始聊；如果双方是同学，可以从别的同学的近况开始聊，这些都很容易找到共鸣。

如果是约会或是同事、朋友之间的闲聊，那么有些"万能话题"，基本上经过几个回合的碰撞，都能找到共鸣，"万能话题"包括：最近热映的电影、天气、朋友圈热门文章、房产股市、体育比赛、餐馆美食，等等。当你找不到更新颖的话题时，从"万能话题"里找一找，往往很容易和对方形成很愉快的讨论氛围。

你知道为什么会这样么？因为我们大多数人的生活都差不多，她或许不看球赛，但没准就喜欢看电影；他或许不看电影，没准每天都盯着股票。总之，对方和你一定是有一些共同的喜好，找到它们，话题就有了。

除了使用"万能话题"以外，面对不同的人也有一些"人群话题"，这些话题经历了各种验证，无论你怎么使用，都很容易取得成功。例如你面对的是一位老人，那么多聊聊健康，多表现出关心，一定不会错；如果你面对的是家长朋友，那聊聊孩子聊聊教育，肯定也有话说；面对领导，聊聊创业聊聊运营，对方一定会对你刮目相看。

总之，当你成为一个聊天高手之后，你会发现，根据对方的兴趣特点来寻找话题，并不是一件难事。当然，也绝不是一件容易的事，你除了能发现对方的喜好以外，你还要丰富你自己。

我曾经看过一个报道，说香港九龙有一家美容店，生意兴隆为当地之冠。有人去问他经营之道，店主人坦白承认，完全由于他的美容师在工作时善于和顾客攀谈。但怎样使工作人员善于说话呢？这里就有个诀窍。

店主人说："我每月把各种报纸杂志都买回来，规定职员在每天早上开始工作前一定要阅读，作为日常功课一样，那么他们自会获得最新鲜的说话资料，大博顾客的欢心了。"原来诀窍就在于日常的阅读啊，你看明白了么？

说话就是这样，你什么都不知道，你什么都没听说过、看见过、阅读过，你哪也没去过，然后你想和不同的人都交谈甚欢，那岂不是白日做梦么？

所以，好的话题不但要会找，更在你平时一点一滴的积累中。现在网络阅读也很方便，我每天都会在睡觉前看 30 分钟的新闻，无论是什么样的新闻，财经的、八卦的、法制的，等等，这个习惯陪伴我很多年了，好处是什么？就是我和任何人都能聊得来，大部分人知道的我都能知道，并且还有我自己的观点，这样的感觉是不是很棒！

　　我给我的学生小马提出了一些建议，一方面让他积极地积累自己的"话题库"；另一方面尽量帮助他消除紧张感，没过几个月，这小子已经处于热恋当中了！

绝招 13：遇到爱表达的人，就做个倾听者

　　在与人沟通交流的过程中，说和听是两件要务。"说"，主要是表达自己的思想情感和意识，每一个说话的人都希望别人能够听到自己的声音；"听"，就是接收他人描述的内心想法，以达到沟通和交流的目的。听和说像是雄鹰的两只翅膀，必须协调展开，才能鹰击长空。

　　所以，想要口才好，不仅要会说，还得会听。尤其是当对方喜欢说话的时候，不管你口才有多好，也不要抢着说。你抑制了他表达的欲望，会让他把精力放在找机会开口上，怎么能专心听你讲呢？而且，你不能让他满足表达的欲望，他心里不痛快，也很有可能影响到你们谈话的效果。

每个人都希望获得别人的尊重，受到别人的重视。当我们专心致志地听对方讲，努力地听，甚至是全神贯注地听时，对方一定会有一种被尊重和重视的感觉，双方之间的距离必然会拉近。因此，遇到爱说话的人，就让我们的嘴巴休息一下吧，多听听对方的话。当我们满足了对方被尊重的感觉时，我们也会因此而获益的。

我有一名学生小林是医疗器械推销员，他给我们讲过发生在自己身上的故事。

经朋友介绍，小林去拜访一位曾经买过他们公司产品的客户。见面时，小林照例先递上自己的名片："您好，我是 ×× 公司的推销员，我叫……"

才说了不到几个字，这名客户就用十分严厉的口气打断了小林的话，并开始抱怨当初买仪器时的种种不快，例如服务态度不好、报价不实、交货的时间等待得过久……

客户在喋喋不休地数落着小林的公司及当初提供仪器的推销员时，小林只好静静地站在一旁，认真地听着，一句话也不敢说。

终于，客户把以前所有的怨气都一股脑地吐光了。当他稍微喘息了一下时，方才发现，眼前的这个推销员好像很陌生。于是，他便有点不好意思地对小林说："小伙子，你贵姓呀，现在有没有一些新出的仪器，拿一份目录来给我看看，给我介绍介绍吧。"

当小林离开时，已经兴奋得几乎想跳起来，因为他的手上拿着两台贵重仪器的订单。

从小林拿出产品目录，到那位客户决定购买，整个过程中，小林说的话加起来都不超过 10 句。交易拍板的关键，由那位客户自己讲出来了，他说：“反正从谁那儿买不是买啊，我是看到你非常实在、有诚意又很尊重我，所以我才跟你买的。”

就像故事中那样，很多时候，人们的表达，并不是要你接受他们的观点和感情，也并不一定非要得到实质上的回报或补偿，而只是为了宣泄情绪，如果你给他们表达的机会，他们的情绪就会得到缓解，自尊会得到满足，感觉到自己真的受到了尊重和重视，至于实质结果怎么样，也许就不再那么重要了。所以，倾听是一种心理上的体贴，是一种真诚的表现，会很容易打动别人的心，增加双方的亲近感。

人往往就是这样，他们喜欢当聪明人，却不喜欢跟聪明人为伍，他们情愿接近那些亲切又总是给人以关怀的人。因此，当他们表达欲特别强烈的时候，你做一个倾听者，而不是滔滔不绝的聪明人，就会给对方亲切、关怀的感觉，让你更有吸引力。

但是，倾听也不是一件那么容易的事。倾听不仅仅是站在那里，或者坐在那里不说话就可以的。很多人在听的时候，只贡献出了耳朵，却忘记了带上自己的心。这样的倾听，很难有效发挥作用。

有效的倾听，不是只听到对方的言辞，还要获得那些话里的真正意思，把握对方的心理，知道他需要什么，关心什么，担心什么。而要想了解他的心，你也需要用心，不仅是用心听对方说话，还要看他的言行举止。

虽然许多人并不是富有技巧的倾听者，但可以通过训练提高倾听技能。下面的原则是你需要掌握的。

首先要集中注意力、聚精会神地去听；其次在倾听的过程中，要与对方有目光接触，但不要一直盯着对方的眼睛，可以盯着他的鼻子或嘴巴；不要打断对方，迫不及待地插话，打断别人是相当不礼貌的行为，对方也可能会受到打击；不要急于下结论，听完后要仔细斟酌；最后，积极给予反馈，这种反馈并不是进行评判，也不是要做别人的老师，而是表示你听到了，并且理解了对方的话。

只有这样，你才做到了有效倾听。既接收了字面意思，也理解了对方的情感。而且，专心听别人讲话的态度，是我们所能给予别人的最大赞美。这样一来，你不必开口，已经送上了无与伦比的赞美，谁敢说你不是一个会聊天的人呢？

绝招 14：对方关心什么，就说什么

在实际交流中，好口才、会聊天，并不是说你上晓天文下知地理，滔滔不绝自说自话。而是在跟人聊天的时候，你总能谈及对方感兴趣的话题，讲到他们关心的点，让他们不自觉被你吸引，在告别的时候还觉得意犹未尽。

因为，没有人会喜欢一个谈话只讲自己，而不关心别人需求的人。

所以，一个会聊天的人，总是懂得聊对方关心的话题。他们会根据对方的喜好和特点、身份来把握话题。

不过，假如是你的准客户，你们因为业务约见，那么他关心什么，你可能很清楚。但是在社交场合，面对不怎么熟悉的人，或者是比较熟悉的人，在闲聊的时候，你怎么知道他关心什么、不关心什么呢？

人跟人虽然有个体差异，但也是有共性的。比如，一般来说，年轻人普遍对服饰、电影、美食感兴趣，中年人则对养生、育儿、理财更感兴趣。我们要根据人的性别、年龄、职业、身份等各种因素，先综合判断出他可能对什么话题关心，然后试着先展开话题。

一般来说，我们可以从下面这几个方面入手。

先看对方的年龄特征，这一点是全世界通用的法则。老年人喜欢谈孩子、谈养生，谈自己年轻时候的辉煌经历；中年人喜欢谈事业、家庭和健康；年轻人就喜欢谈理想、谈人生、谈拼搏，不同年龄层次的人，关心不同的话题。

然后在此基础上，我们可以看对方的身份特征。道理很简单，面对大学教授，你可以谈世界形势、全球动态，但如果面对受教育程度不高的老农，你跟他讲这些，恐怕他会觉得你莫名其妙；和有小孩的女性说话，可以说说孩子教育和柴米油盐酱醋茶；和公司职员说话，可以说说经济环境、职场文化……不过，判断对方的身份，不能以貌取人。你可以先打招呼，等对方开口之后，再判断他所属的阶层和文化程度，然后让自己的话题也随之做出相应调整。

第三点，还要根据对方的性别和性格特征来判断。比如，有的女孩性格外向，个性鲜明，男孩子气十足，你若跟她谈化妆、美容，她也许会毫无兴趣，如果谈足球、网游，她可能会兴致勃勃。针对不同的性格，你应该选择不同的话题。

另外，如果可以的话，还要尽量根据对方的兴趣爱好和心理需求来判断。比如，看到一个打扮时髦的女性，可以跟她聊聊时尚。说得不深入没关系，只要你开口了，只要他们关心，就会不由自主地自己开口，让你们的交流继续下去。

从共性入手以后，我们还要关注个性。这时候，就要"观"人说话了，也就是，一边说话，一边察言观色，并且根据别人的神色随时调整自己的话题内容。那么，该怎么观呢？

当然要看细节，先从头部开始，这里有很多表情器官。如果他的头微微侧向一旁，说明对谈话有兴趣，正集中精神在听。如果他不是做笔记，却低着头不看你，说明对谈话不感兴趣或持否定态度。在商务交往中，低头这种身体语言是非常不受人欢迎的。

一个人如果对某个话题感兴趣，他会表现出饶有兴趣的样子，听得很专注，身体不自觉往前倾，眼睛炯炯有神，眉毛微微上扬。这时候，你应该知道，他对你讲的内容非常感兴趣，很关心。

除了头部动作，还有很多肢体语言可以向你传达信息。比如，一般来说，如果他使劲趴着桌子坐，说明对话题很感兴趣；如果是跷起二郎腿，两手交叉在胸前，收缩肩膀，说明对你的话题不那么关心；如果他反复地摆弄笔或者其他小物品，或者不断地触摸身体的某一部位，比如耳朵，鼻子，面部等，或者绞扭双手，这都是不耐烦、心不在焉的表现。这时候，你最好换个话题。

　　总体来说，当大家看到这些肢体动作的时候，一定记得换话题。反应冷淡甚至不愿答理、站起身来、伸懒腰、把双肘抬起双手支在椅子的扶手上。这时候，你不仅要马上换话题，没准儿还要尽早告辞了。

绝招 15：及时为对方的观点"点赞"

　　人际关系专家卡耐基曾说，喜欢被人认可，感觉自己很重要，是人不同于其他低级动物的主要特性。倘若祖先没有这种重要的需求，那么，人类的文明可能就会在原地踏步。

　　于是，人们形成了喜欢被赞美的天性，大家都喜欢听到好话。例如你本来正在兴致勃勃地跟人聊天，结果刚说了两句，就听到了对方说"郁闷""没劲"，那你聊天的兴头会立即从高点跌到低谷吧？但是假如你听到的是"哇！真的吗？""呀！太棒了！""你真厉害"，你一定会很开心、兴致越来越浓吧？所以，当你跟人聊天的时候，不妨多给别人点点赞。

一位老太太去水果市场买李子，看到一个小贩的李子又大又圆非常抢眼，就问小贩："你的李子多少钱一斤？"

"您好，您要哪种？这边的酸一点，那边的甜。"

"我要酸一点儿的。"

"老太太您真与众不同，别人买李子都要又大又甜的，您为什么要酸的呢？"

"我儿媳妇要生孩子了，想吃酸的。"

"老太太，您对儿媳妇真体贴，她想吃酸的，说明她一定能给您生个大胖孙子。您要多少？"

"我来一斤吧。"老太太被小贩说得很高兴，就买了一斤。

小贩一边称李子一边继续问："您知道孕妇最需要什么营养吗？"

"听说要补充好多呢，什么维生素、叶酸啥的，麻烦着呢。"

"老太太您懂得真多，一点没错，孕妇特别需要额外补充营养。"

老太太一听，高兴了，跟小贩说："那是，为了伺候媳妇，我学了不少东西呢，比如什么东西含有营养成分，我都成半个营养学家了。其实应该给她吃猕猴桃的，那才是维生素 C 之王，可她就是想吃酸的，这才买李子。"

"您说的一点不错。猕猴桃维生素非常丰富，特别适合孕妇。您要给儿媳妇天天吃猕猴桃，说不定营养好了，能一下给您生出一对龙凤胎呢。"

"是吗？那敢情好啊，那我就再来一斤猕猴桃。"

"您老人真好，谁摊上您这样的婆婆，一定有福气。"小贩开始给老太太称猕猴桃，嘴里也不闲着："我每天都在这儿，水果都是当天从批发市场找新鲜的批发来的，您儿媳妇要是吃好了，您再来。""行。"老太太特高兴，一边付账一边答应着。

大家可以看看，这个小贩就是一个特别会聊天的人，他一直在对老太太的每一句话点赞，让老太太心花怒放，结果就是开心地买更多东西。所以，别小看你的点赞，它犹如魔术师的魔棒一样，让人心驰神往。大家日常生活中如果掌握了这个技巧，会给自己带来很多益处。

有一次，在卖清粥小菜的餐厅，有两位客人同时向老板要求增加稀饭，一位客人皱着眉头说："老板，你为什么这么小气，只给我们一点稀饭？"结果那位老板也皱着眉头说："我们的稀饭是要成本的"，还加收了他两碗稀饭的钱。

另一个客人则是笑眯眯地说："老板，你们煮的稀饭实在是太好吃了，所以我们一下子就吃完了"。结果，他拿到了一大碗又香又甜的免费稀饭。

这两位客人受到不同的待遇，完全可以理解对不对？想想看，你自己是愿意听表扬赞美还是愿意听批评训斥？大多数人都愿意听表扬和赞美，批评和训斥即使说得对也会让人产生抵触的逆反心理，效果会大打折扣的。所以，我们应该学会赏识、赞美他人，努力去挖掘他人的闪光点。

当你乘车准备下车时，你对司机说："谢谢，坐你的车十分舒适。"一句话用不了几秒钟，但也能因这一句赞美之词让那位司机整日心情愉快，如果他一天载 50 名乘客，它就会对 50 名乘客态度和蔼，而这些乘客受了感染，也会对周围的人和颜悦色，这个车内就会形成和谐的氛围。

在你途经建筑工地时，你可以对工人说："这栋大楼盖得真好。"这些工人也许会因你一句话而更起劲地工作。

一位年轻的女士常常对人抱怨说："无论我做什么，家里人都认为是我分内的事，也许等我活到 100 岁，才会习惯他们的这种态度。如果我的丈夫能偶尔夸奖我几句，我会快乐很多。"

想受到别人的欢迎，得到别人的赞赏，这是人类的本性。所以，如果你能时时留意他人言语中那些值得你敬佩和称赞的地方，然后及时坦诚地讲出来，就会给他人带来自信与快乐，同时也能够增进与他人的友好关系，并使自己受到重视和敬佩。

需要注意的是，给别人点赞，一定要"及时"，时效很关键。你发表在朋友圈的状态，第一个给你点赞的人，往往会让你更高兴，你会觉得他是关心你的，其实也许只是他恰好那时候在刷朋友圈看到了。但那又怎样？你开心了就好。而两天之后才给你点赞的人，你也会高兴，但肯定没有一开始那么快乐，因为你的兴奋期已经过了。

我们给别人的言语点赞也一样，当他讲了自己引以为傲的观点以后，其实内心是暗暗渴望得到掌声的。这时候，你沉默以对，过了半晌才说："刚才你那个观点，我觉得真棒。"这会有什么结果？不仅会让对方的快乐大打折扣，因为他已经品尝过失望和沮丧，还会让对方觉得你反射弧真长、智商很成问题。

绝招16：让对方"滔滔不绝"的秘诀

一个会聊天的人，既能自己口若悬河，也能让别人滔滔不绝。可是，让任何一个人都对跟你聊天感兴趣，并且能一直跟你交谈下去，这是需要技巧的。

对于这个问题，我有几个建议给大家。

第一个建议是你要认真倾听。而且，要让对方感受到你的这种专注和认真。那么，该怎么表现出你的认真呢？倾听时，你要善于在倾听过程中传达出"我正在努力倾听，我对你的话很感兴趣，把你想说的都说出来吧"之类的态度，并用表情、肢体动作、语言反馈给对方。关于如何做出这种回应，有下面一些技巧。

首先，你肯定得集中注意力，用心地听。因为你到底有没有认真在听，对方是一定看得出来的。所以，容易造成干扰的声音和景物，要尽量避免。除了集中注意力，有条件的话，你还可以备妥纸与笔，记笔记。把别人谈话的重点一一记下来，这是一种莫大的鼓励。

其次，你还要用体态语给出鼓励对方的信息。可以运用的体态语很多，最常见的譬如以下。

饱满的精神。往往能激发谈话者表达的欲望，活跃交流气氛。而当你面对一位自始至终拉长老脸、面露苦相的人时，所有的表达欲都将荡然无存。

专注的态度。集中注意力、目视对方，这就是在表示尊重和兴趣十足。而不停地做小动作、眼光游离，则表明你在三心二意或是不屑一顾。

端正的姿态。身体后扬，显得轻慢；侧转颈脖，显得傲气；不停地扭动，表示不耐烦；背朝对方，意味不屑理睬；手托下巴，表明认真倾听；微欠上身，表示谦恭有礼；适当点头，则表明尊重。不过频频颔首，或不停地 "嗯" "啊"，对方就会感觉增加了你的负担而不安起来，于是不愿意再继续说下去，草草结束话题。

适当的反馈。表情、眼神、动作、姿态，应该随着对方讲话的喜怒哀乐而做出相应的变化，明确向对方表示 "我正在认真地倾听你的讲话"。赞成时你就点点头，感觉有趣时就报以微笑，感觉滑稽时就开怀大笑……如果你无动于衷、面无表情，谁还有谈话兴致呢？

点头表示你可以跟得上对方所说的信息；给愉快的信息一个真诚的微笑，露出感兴趣的表情；对严肃的信息显示出严肃的表情；面对讲话者时，稍稍地偏向讲话者；稳定的目光接触，表现出平静和耐心的表情。当我们需要表现出确实是在听对方讲话时，你可以有选择地采取上面的某项或多项动作。

第二个建议是用口头言语给出回应和反馈。为了不打扰对方，你可以用简短的词汇来重复。下面这些口语词汇将告诉你的讲话者："我正在听着呢，你继续说吧"。"嗯""对""是的""好的""哇""啊哈""我明白了""没错""真的吗""啊""太好了""哦"，等等。像"嗯"和"真有意思"等中性评价性语言能表示你对谈话感兴趣，并鼓励对方继续说下去。

你还可以试着总结，用"你的主要意思是……"和"如果我的理解没错的话，你认为……""你是说……"及"所以你认为……"等句式。这些说法表明你在倾听，并且听明白了对方的意思。重复的重要性在于，让你尽早发现有没有曲解对方，而且也是对他的一种激励。

第三个建议是发问。虽说对方说话时，原则上不要去打断，可是适时的发问，比一味的点头称是更为有效。有效的提问可以促进交谈，使双方的表达更加顺畅。一个得体恰当的提问往往能引起对方积极的回应和愉悦的情绪。一个好的倾听者既不怕承认自己的无知，也不怕向谈话者发问，因为他知道这样不但会帮说者理出头绪，而且会使谈话更具体生动。

当对方欲言又止时，你应通过适当的插话，鼓励对方继续下去。比如"谈谈这件事好吗""我很想听听你的意见"，这样的插话向对方表明你非常乐意听他的话，你对他的话题很有兴趣。

如果想要获得更多的信息，可以提些诸如"你认为这就是问题所在？""你的意思是……""你能说得明白一些吗？"等问题。这些提问有助于你获得更多信息，并理解问题的各个方面。

当然，你也可以复述。复述就是重复讲话者所表达信息的关键词或短语，通过这种方式来得出更多的信息，以获得一个更清楚的理解。比如，有人告诉你，"昨天那真是一次有趣的会议。"你根本不知道他在说什么，作为倾听者，就可以反问道："有趣的会议？"

当你掌握这些技巧以后就会发现，想让别人滔滔不绝地谈下去，避免冷场，其实并不难。而且，你还可以在这个过程中，收获别人的好感和信任。

第五章

如何让对方第一次见面就喜欢你?

我们每一个人,在初次见到另一个人的时候,都会迅速地打量对方同时在心里做出判断:这个人的身份、教养如何,是敌是友。而你的一言一行,在一定程度上透露出心理状态和内心活动。透过你的言行举止,别人可以分析出你的内心世界。所以,想让一个陌生人在第一次见面就喜欢你,除了要口才好,还要学会印象管理。

延伸阅读 >>>

掌握这个技巧,
你走到哪都受欢迎!

绝招 17：用"首因效应"先声夺人

不管是心理学实验还是真人秀，下面这个例子都得到过验证：你分别让一位戴金丝眼镜、手持文件夹的青年学者；一位打扮入时的漂亮女郎；一位挎着菜篮子、脸色疲惫的中年妇女；一位留着怪异头发、穿着邋遢的男青年在公路边搭车。结果是，漂亮女郎、青年学者的搭车成功率很高，中年妇女稍微困难一些，那个男青年就很难搭到车。

道理很好理解，换做是你是我，可能也会做出相应的选择。因为对于陌生人，我们不由自主地会审视他们的仪表，然后迅速对他们的身份、教养、人品做出判断。如果第一印象差，对方在第一眼就让你不满，那么他短时间内很难让你有好感。

心理学家给"第一印象"取了一个很好听的专业名词，叫做"首因效应"。"首因效应"体现在先入为主上。这种先入为主给人带来的第一印象是鲜明的、强烈的、过目难忘的。对方也最容易将对你的"首因效应"

存进他的大脑档案，留下难以磨灭的印象。

虽然我们也知道，光凭一次见面就给对方下结论为时过早，"首因效应"并不完全可靠，甚至还有可能会出现很大的差错，但是，绝大多数的人还是会下意识地跟着"首因效应"的感觉走。这不仅仅是以貌取人的问题，也是人在长期进化过程中形成的一种自我保护机制。毕竟，一个喝得醉醺醺、穿得破破烂烂、满脸凶相的人可能是更危险的。所以西方有句俗语："你就是你所穿的！"

举个例子，假如我穿着那种粗制滥造和裁剪不得体的服装，你们会怎么看我？我的外表，不仅影响你们对我的态度，也影响我对自己的态度。那些不合身的衣服，会无时无刻不在提醒我："我就如同我所穿的，我缺乏自信和才能，我一无所有。"

有一位著名美国形象设计大师乔恩·莫利先生，曾就中上层阶级和中下层阶级着装能引起什么样的待遇，以及人们如何看待这两个阶级人的成功率，做了上千人的实验调查。

他调查了 1632 个人，让人们看同一个人的两张照片，他宣称这是一对孪生子。一个穿着代表中上层阶级的卡其色风衣，一个穿着代表中下层收入的黑色风衣。结果 87% 的人认为穿卡其色风衣的人是个成功者。

他让 100 个 25 岁左右、出身于美国中部中层阶级的年轻大学毕业生，50 个穿着像中上层背景，50 个穿着像中下层出身，把他们送到 100 个办公室，声称是新来的助理，去检验秘书与他们的合作态度。让这些年轻人给秘书下达"小姐，请把这些文件给我找出，我在 ×× 先生处"的指示，然后扭头就走，不给秘书回答的机会。

结果发现，只有 12 个穿中下层服装的人得到了文件，而 42 个穿得像中上层背景的年轻人得到了文件。显然，秘书们更听从那些穿中上层服装的年轻人的指令，并与他们配合。

他的调查结果证明，人们本能地以外表来判断、衡量一个人的出身和地位，而这个出身决定了人们对你的态度。毫无疑问，上面的实验中秘书们对服装本身并没有指点，但服装标志了穿衣人所代表的阶层，这个标志影响着他在社会上进行交往时留给别人的可信度、别人对他的态度和在需要与人配合时的效率。

大家想想看，为什么全世界所有航空公司的飞行员一定要穿制服？难道他们穿西装、衬衫就会飞得比较安全吗？一点道理也没有，甚至不打领带可能飞得更好。只是因为装扮笔挺，让人觉得他精神抖擞、认为他慎重行事，也就相信他飞行时一定非常专注干练。衣服是小事，可是在你第一次见一个人时，很多类似的小事加在一起，就决定了别人对你的第一印象。

所以，无论我们认为用外表衡量人是多么肤浅和愚蠢的观念，大家要记得，社会上的一切人，每时每刻都在根据你的服饰、发型、手势、声调、语言等自我表达方式在判断着你。无论你愿意与否，你都在留给别人一个关于你形象的印象，这个印象在工作中影响着你的升迁，在商业上影响着你的交易，在生活中影响着你的人际关系和爱情关系，它无时无刻不在影响着你的自尊和自信，最终影响着你的幸福感。

因此，我们在与人交往时，一定要关注首因效应的存在，并且试着用第一印象先声夺人。媒体策划专家有一句名言：要给人好印象，你只需要7秒钟。

第一印象的形成，有一半以上的内容与外表有关，它不单单是漂亮

的面容，还包括体态、气质、神情和衣着的细微差异；另外大约 40% 的内容，与声音有关，音调、语气、语速、节奏都将影响第一印象的形成；只有少于 10% 的内容，与言语举止有关。

那么，我们在个人形象方面，就要着重从仪态和声音入手。虽然不是所有人都可以长得美若天仙或是英俊非凡，但每个人都可以做到干净整洁。

然后就是衣着的整洁得体，它容易给人留下严谨、自爱、有修养的第一印象。有句话叫"人靠衣装"，你的衣服往往表明你是哪一类人物，它们代表着你的个性。服饰只有与你的气质、个性、身份、年龄、职业以及穿戴的环境、时间协调一致时，才是真正的得体。在不出错的基础上，还要讲究搭配的技巧。这种能力，是需要平时就多加留心培养的。

总之，首先还是要穿戴整洁面带微笑，这样才可能获得热情、善良、友好、诚挚的印象。接下来，才是语言和举止发挥作用的时候。

绝招 18：别让语言卡在"不好意思"上

我认识很多自认为胆小害羞的人，他们跟陌生人讲话的时候，总是会觉得不好意思甚至脸红。他们觉得，没办法，这是因为自己性格内向，所以沟通不是自己擅长的领域。可是，在必须要与人沟通的场合，这种不好意思跟陌生人说话的毛病，会给我们带来不少困扰。

有一名学生小韩，报名参加培训班的时候，跟我说："我来参加培训的原因是，我性格非常害羞内向，虽然学习成绩很好，但找不到工作，我必须要改变。"

原来，他是北京某名牌高校国际金融学院的应届毕业生，由于成绩优异，去年农历新年以前，他就被老师推荐到一家外资银行应聘客户经理的职位，并且顺利进入面试。可是，面试是一场"群聊"，3 个 HR 对7 个新人，面对别人的侃侃而谈，原本就性格内向、不易和人打成一片的小韩，在气势上就败下阵来。

当 HR 问到"对应聘的岗位是否适合，有什么想法和要求"时，坐在最边上的小韩又被点名率先回答。"当时我就蒙了，想到刚才众人的谈吐我就没了自信，也不好意思夸自己，就一个劲地强调对这份工作的渴望，连说话也越来越小声。"

而就在谈话后的第三天，学校里给他推荐这份工作的老师找小韩谈话，说银行那边认为他缺乏自信、不善言辞，不适合客户经理的工作。此外，由于外企很讲究团队协作，小韩在这方面的表现也不是很合群。因此，基于上述原因，小韩失去了他第一个机会。

当他接到另一家国内公司的面试通知时，怀着忐忑不安的心情，带齐所有的材料，再一次开始面试。可是，面对表情严肃的面试官，小韩的心里就开始打鼓了。后来小韩想了想，问的问题其实不难，比如让他列出国际贸易中所有的报价方式。他本来一清二楚的，可是一紧张，就把这些知识忘记得一干二净了。支支吾吾了半天，也没说出一个。

在自信心直线下降的情况下，稀奇古怪的问题又来了："怎么计算一个飞机的质量？""一箱苹果该如何分配？"……这些问题对于此刻脑子已经一团浆糊的小韩而言，更是不能承受之重。事后他回忆，其实自己不是真的不知道怎么办，但就是不敢开口说。最终这位面试官认为小韩临场应变能力不强，而且缺乏逻辑思维能力，决定不予录用。

在几个月的求职经历中，小韩觉得，自己最大的收获就是，发现社会比想象的复杂。他一直以为只要埋头苦干就会有成绩，就像他一路走来的求学过程，但现在他发现，光做不说是不行的。相比那些在面试官面前不卑不亢、谈吐不凡的人，他觉得内向的自己太失败了，对未来的人生也充满了惶恐。

我跟小韩说，不用太担心。其实，这种不好意思跟陌生人讲话的行为，是人在后天成长过程中因某些经历而形成的。不管出于什么原因，既然是后天形成的，就能克服。

而且，心理学认为，如果当你独处的时候，就会获得更多正能量；而当你与人交往时，会消耗能量、感到疲惫。也就是说，你的心灵恢复、休养的途径，并非是与外界互动而是安静独处，那么，基本上可以判断，你的性格是偏内向的。

但是，内向者一样可以跟一群陌生人谈笑风生，也可以显得热情开朗幽默好客，也可以表现得十分擅长与人沟通，这都完全没问题。所以请不要再认为，内向者不喜欢说话。

而且，内向者没什么好害羞的，他们也不是害怕陌生人，只是需要一个理由去开口。所以，内向者就给自己找一个开口的理由吧，让自己觉得,自己是必须开口的。你可以告诉自己,如果我不好意思开口,那就会给自己很多限制,难以扩大朋友圈子,而且会变得越来越孤僻。在这种恶性循环中,表达能力也会变得越来越差。

给了自己理由以后,他们可能还是会觉得不好意思。那么,该怎么克服这种心理呢?还是要多练习,多练习跟陌生人交谈。招待酒会和聚会,是结识陌生人最好的场所,大家要尽量多和不熟悉的人坐在一起,并找机会跟他们交谈。

我们在跟陌生人交谈时,会感到拘谨,这主要是由两个原因造成的:一是互相不了解,一时找不到共同话题;二是害怕自己说不好话反而会出丑难堪,给对方留下不好的印象。这种心理虽然称不上是毛病,但却是一种障碍,很多人因为"不好意思"丧失了绝好的机会。

要解决这一问题并不难,首先你要明白一个道理:为什么你跟自己的父母或者老朋友谈话不会感到有任何困难呢?这是因为你跟他们非常熟悉,对已经相当熟悉的人,你感到很自然随和。而一旦面对陌生人,因为你对陌生人一无所知,就可能会全身不自在,甚至有惧怕的心理。所以要想在跟陌生人聊天时毫不拘谨,轻松自然,关键就在于别把他们当陌生人。

为此,你首先在心里要建立一种乐于与人交往的愿望,有了这种渴求,才不会对陌生人有敌意,才会在心里把他们从"陌生人"变成"我想认识的人"。

另外，给大家一个建议，如果你总是感到不好意思，那么，跟陌生人说话时，你可以先看着对方的某个部位，比如手表，然后慢慢地将视线转移到对方的脸上，这有助于减轻你的焦虑和紧张感。

绝招 19：你的礼貌会让人感到他很重要

有人说，人这一生所需要的最根本的教育，在幼儿园就完成了。如果单就讲礼貌这一点，的确是这样的。幼儿园小朋友就已经被教育要讲礼貌，这是一个从小讲到大的话题，可是还是有很多人没有引起足够的重视。

礼貌看起来事小，作用却大。我们之所以礼貌，是为了让对方感觉自己是受重视的、被尊重的，所以你才会对他以礼相待。所以，在与人初次见面时，由于彼此对人品不了解，礼貌就显得尤其重要，它直接影响到我们对一个人教养的判断，也决定了我们对他的态度。

《说岳全传》中有一个小故事：

岳飞和牛皋一同赴京赶考，考前一天，牛皋想去看看武试考场到底啥模样，于是独自一人出门。遇见一个老头，问："喂！老头，去校场咋走？"老头抬头一看，见这位武士面目不善，又出言粗俗，即显不悦之色。当下缄口不语，顾自未予搭理只与牛皋擦肩而过。结果，牛皋走了许多冤枉路才找到京城校场。

岳飞在旅店好长时间不见牛皋人影，估计他去了校场。恐牛皋行为粗鲁莽撞，无端惹事，就离开旅店去找牛皋。路见一老者，拱手道："敢问老伯，去校场的路怎么走啊？"老伯详细指点路径，岳飞不多时来到校场。

同样的问路，得到的却是不同的结果，毫无疑问，是有没有礼貌带来的差距。所以，要想让自己与人交谈的时候更顺利，我们必须把礼貌记在心中。尤其是社交场合，礼貌是一个人身份修养的标志，千万不要失礼。这里我有两点基本建议给大家。

第一是说话多用敬语。我们日常说话，有许多口头"敬语"，可以用来表示对人的尊重之意。同样一句话，会因为有没有用敬语，而给人完全不同的感受。

比如，"让一让"和"借光让我过一下好吗"，听起来的感觉是完全不同的吧？再比如，在交谈中，称呼对方的父母，应该说"伯父、伯母"，直接说"你爸爸、你妈妈"当然也可以，但格调显然要低很多。

美国人说话特别爱说"请"，说话、写信、打电报都用，比如请坐、请讲、请转告等，听起来就觉得他们特别客气。传闻美国人打电报时，宁可多付电报费，也绝不省掉"请"。你看，美国人情愿花钱买请字，与人相处、相交，多说个请字，就可以让对方舒服得多，既不费力又不花钱，何乐而不为呢？

此外还有一些特别文雅的敬语，今天很多年轻人已经不会说了，比如，"请问"有如下说法：借问、动问、敢问、请教、借光、指教、见教、讨教、赐教等；"打扰"有如下词汇：劳驾、劳神、费心、烦劳、麻烦、辛苦、难为、费神、偏劳等。大家不妨学习一下。

如果我们在语言交际中记得使用这些词汇，就能形成更加亲切友好的交谈气氛。不仅会让对方觉得你重视他，还会让人觉得你彬彬有礼，特别有教养。

第二是接递名片的时候，一定别轻慢初次与人见面。打过招呼后互通姓名，然后就是相互递交名片。如果别人把你递给他的名片随手塞进裤兜里，你心里会舒服吗？肯定不会。所以，递交名片这样一个小小的动作也应该引起注意，一定要得体而不失礼才行。

名片应该放在名片夹内，而不应放在别的票证夹里，更不应该随意夹在小本本里，到时随处乱翻；名片夹应放在西装的内袋里，而不应从裤子口袋里掏出；各片夹由于要长久使用，所以尽可能买个质地好的；如果对方伸出左手递交名片，自己要伸出右手去接，同时左手也应递交名片，这样互相交换；接受名片时，右手去接对方的名片，左手拿自己的名片夹；对方名片上的姓名如有不容易读的字，应该客气地问清楚；如果对方有两人以上，应将他们的名片排好，并按照名片的顺序，分别与他们进行交谈；如果坐在椅子上，应把对方的名片认真收起来放好，然后再向对方致意告辞。　递交名片的方法也有讲究：拿名片下端，使对方易于接；位置至对方胸前；只是单方面接对方名片时，要把左手和右手同时伸出。

　　所以，我们不仅要注意自己的言辞，还要注意自己的举止，处处留心，让自己显得更懂礼貌、有教养、有风度。

绝招 20：巧妙地赞美对方的"闪光点"

　　不管是不是第一次见面的人，赞美都是和一个人拉近距离的好办法。如果是陌生人，赞美更是必要的。但是，赞美虽然是一本万利的事儿，也一定得够巧妙，不能让人反感。否则，"无事献殷勤，非奸即盗"的想法一冒出来，你就被抗拒了。

　　说起来，赞美人可是个技术活，有很多技巧。这里我们着重谈谈，怎样抓住"闪光点"，巧妙地赞美一个第一次见面的人。所谓闪光点，很简单，就是这个人身上与众不同、引人注目、值得称赞的那些点。

很简单，美女的容貌、企业家的成就，这都是众所周知的闪光点。然而，越是这样明显的闪光点，夸奖起来的效果，其实越差。为什么？ 常言道："好话听三遍，听了鬼也烦。"一个范冰冰那样的大美女，所有人都夸她好看，她自己也知道自己美，还用你夸么？

所以，想要让你的赞美的话，恰好能够触到对方的痒处，还是要花点心思的。大家不如换个角度，更仔细地观察一下对方一些不被人注意、可他本人其实很在意的地方。比如，某领导在商界英明神武，但实际上他更喜欢自己的书法被赞美；某个美女天天被人夸赞好看，但她非常希望别人注意到她的内涵……

很多人会跟我说："可是，除了他的长相、衣服、谈吐，别的我也想不出能赞美的点啊。"我有一个很简单的方法教给大家，你要赞美对方的得意之事。所谓得意之事，就是对方正在炫耀的东西。假如一个女士是不是摆弄她手上硕大的钻戒，那你肯定要夸她的戒指真贵重、真漂亮；假如一位男士一直讲自己如何英明神武，那你就要赞美他眼光好、决断力强。

有一次，为了一笔大订单，一名推销员敲开了一家公司的大门。但是秘书告诉他："我们领导说了，只有 5 分钟的时间，你就必须离开。他很忙，所以你进去以后要赶快讲。"他笑着点了点头。

进了办公室以后，看见领导正低头看文件，推销员就没说话，静静地站着打量起这间办公室来。过了一会儿，领导没听到声音，就抬起头来问他有什么事。

这时候，推销员没有谈生意，而是说："王先生，我拜访过很多企业家，去过很多办公室，但从来没见过装修得这么精致的。"

领导一听，高兴地说："哎呀，这间办公室是我亲自设计的，当初刚建好的时候，我喜欢极了。但是后来忙了，再也顾不上欣赏了。"

推销员一听，走到墙边，用手摸了摸木板说："我对木料略懂，这是橡木的是不是？而且是进口的吧，国产的好像没有这么好的质地。"领导高兴地站起身来说："那是从英国进口的橡木，是我一位专门研究室内橡木的朋友，专程去英国为我订的货。"看起来，领导的心情好极了，就带着推销员仔细参观起办公室来了。

最后的结果，大家可想而知。领导一高兴，订单当然是签了。

大家肯定也想让自己有这样的眼光，能看到别人的闪光点，并且给出恰如其分的赞美。这不是一件容易的事，需要你有一双善于观察的眼睛和喜欢琢磨的心，还要在日常生活中多加练习。

这里我有一个小技巧给大家：赞美一个人的行为或他的贡献，比赞美他本人好。你要发现对方引以为自豪、喜欢被人称赞的地方，然后对此大加赞美。不过，在尚未确定对方最引以为自豪之处前，最好不要胡乱称赞，以免自讨没趣。

还有另一个技巧就是，赞美要尽可能地具体，指出你具体称赞的理由。人都有自动把局部夸大为整体的特点，因此你只要从某个局部、某件具体的事情入手就可以了，其他的工作对方会自动完成，而且局部、具体的赞美会显得更真诚、更可信。比如，说："你真漂亮！"不如说："你穿的这件粉红套装显得皮肤特别粉嫩，气色真好！"这样表达赞美，非常具体可信，让人觉得你是在真的欣赏她。

而且大家要注意，赞美别人，你应该诚挚中肯。因为它与拍马屁、阿谀奉承，终究是有所区别的。虽说赞美有时候是美丽的谎言，但首先要让人乐于相信和接受，千万不能像把傻孩子说成天才一样的离谱，否则会适得其反。

所以，每次当你开口赞美的时候，要确有其事，千万不能虚情假意，乱给别人戴高帽子。夸奖一位不到 60 岁的女士"您真年轻"，还说得过去；要用它来恭维一位满脸皱纹的 80 岁老太太，就过于做作了。称赞一位女士"你的衣服实在是太漂亮了"，比说"你是绝世佳人"好。因为离开真诚二字，赞美将毫无意义。

另外就是不要说外行话，别不懂装懂，落下笑柄。假如不懂诗，就不要夸别人的诗写得好。否则，当对方追问好在哪里时，你就无言以对了。涉及专业知识方面的赞美，如果不小心说了外行话，既不能达到赞美的目的，又暴露了自己的无知，很容易被人嘲笑，也就没什么意思了。

绝招 21：找准共同点，彼此零距离

一般来说，如果你预先知道一个人的职业、朋友、兴趣和家庭情况，交谈就容易些，你可以谈论他关心的事情。还因为你事先知道对方讨厌什么、反感什么，所以可以避开那些令他敏感的话题和行为。

可是，当你第一次接触一个你一无所知的人时，一切都显得很困难，因为彼此不自觉都会有戒备心理。这时候，就要找到切入点，消除彼此的隔膜，让大家距离更近一些。这时候，除了赞美，找共同点也是一个非常好用的方法。

当你突然发现面前的陌生人，是你高中校友，或者是同县的老乡，或者你们有某个共同的朋友，会是什么感觉呢？是不是一下子觉得对方特别亲切？想想平时的自己，如果遇到和自己一样喜欢某类运动、喜欢某个歌手的人，你会不会立刻对他产生兴趣？

就是这样的，我们通常对与自己相像的人产生亲近感，也能很快找到共同话题。我们常常说"道不同不相为谋""志同道合"，都是在说，要和与自己有着相同想法的人交朋友。当你和陌生人有了共同点以后，你们之间有了联系，不是毫无关系，距离感一下子就被缩小很多。

所以，碰到陌生人，不妨仔细观察和发现自己和对方的共同点，从双方都熟悉的人或事入手，顺其自然地让谈话继续下去。

有一次跟一个小朋友聊天，他才上小学，问我小时候哪一门功课最糟糕，是不是也经常挨老师的批评。我跟他说："我的品德课不怎么好，因为我特别爱讲话，常常干扰别人学习。老师当然要经常批评我的。"小朋友听了特别开心，马上跟我熟络起来。

为什么呢？因为我的话紧紧抓住了小朋友的心，拉近了距离，小朋友觉得我跟他一样，所以愿意把我当朋友看待。

不要觉得寻找共同点很难，它就是你和别人的相同之处，而人与人之间肯定有很多相同的地方。所以，共同点不单单是指你和对方是否有共同的老相识、同样的兴趣和相似的人生阅历。寻找共同点其实特别简单，就像指出你在何处与对方有同样的观点或者感受，比如简单一句"我也这么觉得"或者"我也喜欢那个明星"，甚至只要说"我赞同你的观点"。

而一个人的心理状态、个性追求、生活爱好等，都或多或少地要在他们的穿着、谈吐、举止等方面有所表现，只要善于观察，就会发现你们的共同点。

寻找共同点，就是要靠仔细的观察、巧妙地发问。如果你不留心，怎么会知道茫茫人海之中谁与你有着共同之处呢？人与人之间总是存在千丝万缕的联系，多看、多问，就能找到共同点。

比如，"你老家是哪的？""你是哪所大学毕业的呢？""你大学读的是什么专业呢？""你是做什么工作的呀？"从一些有针对性的问题里，我们可以试着寻找共同点。

你还可以设法在短时间里，通过敏锐的观察初步地了解对方，他的发型、他的服饰、他的领带、他的烟盒、他的打火机、他随身带的包、他说话时的声调及他的眼神，等等。都可以给你提供了解他的线索。

需要注意的是，这个共同点，应该是尽可能真实的。大家不要因为想找共同点，就谎称自己"我也喜欢高尔夫球""我也喜欢卡尔维诺"，因为如果深入交谈下去，而你对它们一无所知，那谈话之中难免露出马脚，不仅会聊得不开心，还会让对方怀疑你故意造假，人品有问题，那谈话自然不欢而散。

也就是说，要是自己没有点真水平，或者根本不了解，那就放弃把它作为共同点的念头。否则不仅达不到"套近乎"的效果，反而还会引起别人的反感。所以，当你说自己跟别人有共同爱好的时候，先要自己真的喜欢才行，这样才能让人有一见如故、相见恨晚的效果，那自然就倾心交往了。

另外大家还要注意，问问题、找共同点的时候，也要小心，别弄出不愉快。比如，有一次在一个聚会上，一个小伙问另一位中年男士："您爱人是做什么工作的？"中年男士假装没听见，我赶紧使眼色，因为这位男士前些天刚离婚，因为分财产闹得鸡飞狗跳，提起他爱人那可是禁忌。可小伙子没看见，又重复问了一遍，对方阴沉着脸没吭声。我赶紧接话说：

"他现在是钻石王老五，不用被人管。"这才把这个话题岔过去了。

我想说的是，大家在寻找共同点的时候，可以发问，但是要注意选择问题的安全性，不能涉及对方的隐私。一般来说，籍贯、新闻事件、运动、书籍、音乐、电影、旅行、美食等，都是比较安全的问题。

绝招 22：表现出对对方的关心

口才大师卡耐基曾经说过这样一句话："只有你真正关注他人，才能赢得他人的注意、帮助和合作。"就是这样的，关心和被关心是人类的基本需要。这是一种问候与帮助别人的人际沟通表达方式，是一种发自内心的真挚情感。有人说，学会了关心就等于学会了做人，学会了生存。这话说得一点儿都不错。

不知你有没有想过，狗为什么不用工作而能谋生。母鸡得下蛋，牛得供应牛奶，但是，狗却什么也不用做，只是对你表示亲昵。狗从来没有读过心理学，它一点也不需要。凭着天赋本能，也能在两个月内，借着对人表示关爱而赢得许多朋友；但人却很难在两年之内，因为吸引别人的注意而交到朋友。很多人不断试图引起别人的注意，但这些都是枉费力气的举动。因为人们根本不会注意你，他们注意的是自己。

想想看，当你看团体照时最先注意的是哪一个人？你第一眼看到的人就是你自己，最关注的也是你自己，而且看过之后，你会指给别人看，以期得到别人的赞赏和喜爱。这就是说，任何一个人最关爱的是自己，最需要得到别人关爱的也是你自己。

如果我们只是想引起别人的注意，想给别人留下印象，我们就不可能交到许多真实、诚恳的朋友。一位真正的朋友，不是用这种方法结交来的。因此，我们要关心别人，让别人觉得自己是受重视的，才能让人对你感兴趣，如果只是一味地在别人面前提到自己如何如何，倘若是你自己，也不愿意多听。

所以，如果我们想结交朋友，就要先为别人做些事情——那些需要花时间、精力、体贴、奉献才能做到的事情。而在陌生人面前，和别人第一次见面，如果想给对方留下好感，我们最需要做的就是真诚地关心别人的感受、思考模式与在乎的事，让他觉得被重视。

举个例子，你能够叫出对方的名字，就是一种关心。在别人介绍过一次以后，你就能牢牢记住，这是最明显、最简单、最重要、最能得到好感的方法。因为姓名代表一个人的自我，只有在自我受到尊重和关心的时候，人们才会感觉快乐。所以，对一个不熟悉的人，如果你能喊出对方的名字，会给对方一个惊喜，让他觉得你特别关心、在意他。

　　同理，记住对方所说的话，稍后再提出来做话题，也是表示关心的做法之一。尤其是兴趣、爱好、梦想等，对对方来说，是最重要、最有趣的事情，一旦提出来作为话题，对方一定会觉得很愉快，也就会更喜欢你。

　　对方提到的很多问题，也都可以成为你关心的切入点。举个最简单的例子，对方说："我上个礼拜刚做了个手术"，你不能只是说"哦，是吗"，而是要表示关心："没什么大碍吧？现在都痊愈了吧……"

　　比如，如果对方说："前些日子，我去美术馆参观书画展，真是特别好看啊！"而你只是说"哦，是这样啊"就不够高明了，你应该表现出你的关心和兴趣，鼓励他继续讲下去，比如："哦，是这样吗，参观的人多吗？是什么类型什么题材的画？有没有什么你特别喜欢的作品？"这样一来，看到你关心，就会让对方滔滔不绝地说下去了。

　　我们还要对对方的话做出回应。对别人的见解随声附和，并不时提出问题，别人会觉得，你是真的对他的话题很有兴趣，于是受到鼓励，不禁侃侃而谈。对于对方精辟的见解、有意义的陈述，或有价值的信息，要用诚心的赞美来夸奖。例如："这个故事真棒""这个想法真好"或"您的看法很有见地"等，良好的回应，可以表现你的关心，赢得对方的好感。

　　另外，如果对方是一个不大喜欢言谈的人，你们并肩而坐，场面定会相当尴尬。尤其是对初次见面的人而言，是否有使谈话顺利进行的妙方？有的。你也可以通过关心他的言谈举止，让对方开口。

　　比如，假如对方只是一味喝酒，你发现他拿杯子的动作跟别人不一样，就可以说："你拿杯子的动作很有趣，有什么特别的理由吗？"看到对方的咖啡里加两勺半的砂糖，也可发问，"对不起，为什么你非要放两勺半砂糖……"通常面对这类问话，对方会不得不开口，说不定还会唤起对方滔滔不绝的回忆。

　　只是，关心他人与其他人际关系的原则一样，必须出于真诚。不仅付出关心的人应该这样，接受关心的人也理应如此。它是一条双向道，当事人双方都会受益。

第六章

如何说出
领导想听的话？

你可以选择工作，但很难选择领导。你的领导，是办公室里的核心人物，你可以不喜欢领导，但是不能不与他搞好关系。所以，说出领导爱听的话，对于职业生涯的发展，也是至关重要的。虽说不同性格的领导喜欢听的话不同，我们需要找准领导各自的频道，对症下药。但他们还是有一些共同点的，因此跟领导谈话，也有一些共同原则。

延伸阅读 >>>

你说话的分寸，
决定老板对你的态度！

绝招 23：接到指示，先说 OK，然后做做看是否 OK

想想看，假如你是领导，安排工作时，你的下属却说，这样做不行，并且给你列举了很多条理由。你会觉得心情舒畅吗？虽然你明知道对方这样做是为了整个公司的利益，但是从情感上还是不大好接受。

再者，还没有开始尝试，你又怎么能确定领导的决定一定不 OK 呢？你和领导的视野不同，考虑问题的角度也不同，你们对信息的占有程度也不同。所以，当你认为领导一意孤行的时候，或许自己也失之片面。

我有一位朋友是部门主管，前些天还跟我讲过一个故事。他们部门举办一场活动，最后要给客户赠送一些小礼物。当时助理给出的建议是买一些精美的水晶饰品，因为她自己喜欢，觉得挺好的。被我朋友一口否决了，让她准备一些纪念币。

助理的表情很明显是不赞同，但什么都没说，朋友也没说什么。两天之后，朋友告诉助理，订购某套新出的。她说，自己已经订了别的，定金都已经付过了。朋友直接让她退换，助理当场跟他说不能退货，否则不退还定金。听她说完，朋友只是淡淡地重复了一句，找他们退换。助理悻悻地离开了。过了一会儿，讪讪地过去告诉朋友，说商家同意退换。

事实上，因为客户大都是老年人，所以我那位朋友知道水晶饰品不合适。商家还没有开始发货，就可以选择退换。而这位年轻的助理不清楚状况，只是根据自己的想法做判断，就去反驳领导，这是不合适的。所以，很多时候，当你觉得领导的意见不妥时，是否考虑过其中的合理之处？

你要先相信，领导一定有他的聪明和智慧，而不是只要看到他的意见与你不同，而自己的想法有充分的依据，就认定他的意见没有道理。事实显然不是这样。

假如你认定领导的指示是错误的，如果按照指示去办一定会劳民伤财，完全没有必要花费巨大的代价去证明上级的错误。那么这时候也先不要着急说 NO，你可以试着向优孟学习。

优孟是春秋时期楚庄王的一名宫廷艺人。有一次，楚庄王的一匹爱马死了，楚庄王很伤心，要用大夫的礼节厚葬他。群臣都说不行，楚王根本不听，还说谁再劝阻就杀了谁。

这时候，优孟跟楚庄王说，大王这样做没问题。但是，大王这么喜欢这匹马，只用大夫的礼节安葬它太寒酸了，我们应该用君王的礼节来安葬它。接着他继续阐发，我们应该用美玉做棺，给它一个无比隆重的葬礼，让各国君王都前来参加等，让全天下都知道大王是多么看重马而轻视人。

话说到这里，优孟的意思已经非常清楚了，楚王也看到了固执己见将要带来的后果。于是，他自己下令把马交给厨房处置。

我们知道，优孟地位是非常卑微的，那么多地位显赫的臣子劝谏都没用，他说不行更是行不通。但在众人中，只有他对楚王的决定说 OK，然后顺着楚王的意思，让他看到这项决定的后果，让楚王自己判断到底可不可以这样做。只要楚王不是一个完全的昏庸无能之辈，就一定能认识到自己的错误，主动撤回命令。

这种做法之所以能奏效，原因在于，当我们对领导的决定说 OK 的时候，会瞬间赢得领导的认同，他认为你是支持他，跟他站在一起的。在情感上更亲近之后，你再合情合理地描述遵照这项指示做事，事态将会怎样发展，大家一起得出最终会出现的结果。在此过程中，最好让领导自己意识到他的指示有不妥之处，而不是显示出你比他高明很多。

说到底，事实是最有说服力的。而针锋相对的话，往往会起到反作用。所以，先对领导的指示说 OK，然后在合适的时机，让他意识到不 OK 之处，效果会好很多。

但是我也想要提醒大家，假如你的领导真的屡屡出现决策失误，却又不肯听从大家意见，那你最好努力工作，这样也可以在公司经营出状况的时候有能力接替领导。

绝招 24：不做唐僧，向上汇报要简明扼要

看过周星驰电影中唐僧形象的人，一定对他的形象印象深刻："哎呀，悟空你也真调皮呀，我叫你不要乱扔东西呀！哎，乱扔东西是不对的……哎呀，我还没把话说完，你怎么把棍子也给扔掉了？月光宝盒是宝物，乱扔它会污染环境。砸到小朋友怎么办？就算砸不到小朋友，砸到花花草草也不好嘛！"

在电影中，这种折磨人不偿命的长篇大论会起到很好的喜剧效果。但在实际工作中，倘若你这样跟领导汇报工作，除非他幽默感超强或者心情超好，否则一定会对你有负面评价。

这不，我们看看这位助理是怎样向领导汇报工作的：

"您出差的这段时间，一共有这些事发生：第一，公司最近有一些人员变动，而且还比较大，写代码的丹尼辞职了，因为希望换一个新的环境；前台露丝要嫁人所以也辞职了。我们已经在着手招聘接替他们位置的新员工，有几个通过初试的人选还不错，稍后我会让人事把资料给您送过来。

哦，对了，另外财务部门的安妮似乎也有离职倾向。这是人员变动情况。第二是上个月的民主考评情况。我把汇总表给您拿过来了。您看看，总体表现是不大让人满意的，因为大家没有拉开差距，这样根本起不到考评的效果，奖惩也没有太大意义。我认为这是大家对考评这一工作本身不够重视，在给别的同事打分时敷衍了事。已经请各位部门主管对这一问题进行反省了，并且让他们帮员工认识到公司这一举措的意义，不要让这一本身很有价值的工作变成纯粹的形式主义。您有时间的话，也请关注一下这个问题。还有就是……"

大家可以想象那个场景：他拿着一份材料滔滔不绝地念着，而领导需要快速反应才能搞清楚他都说了哪些事，需要自己做什么。

你曾经遇到过这样汇报工作的人吗？或者，你就是这样向领导汇报工作的？用托尔斯泰的话来说："人的智慧越是深奥，其表达想法的语言就越简单。"所以，当你呈现给领导的是这样长篇大论、没有重点、没有主次的汇报时，只会让他怀疑你的能力。

这年头，大家都讲究效率，越是重要人物，时间越宝贵。如果每件事情都事无巨细地汇报，或许能说明你工作认真细致，但简明扼要，更能体现出你的归纳能力和逻辑思维能力。所以，在向领导汇报工作时，我建议大家这样做。

第一，明确汇报的目的。在汇报之前，我们一定要明确这次汇报自己到底想达到什么目的，是想让领导了解近期工作开展状况，还是需要他的某些支持，或者是需要他做出决策？总之，目的一定要明确，否则很有可能让领导抓不到重点，不知道你到底想做什么。

第二，要精心选择汇报内容。领导能给你的时间有限，我们要在有限的时间内提供最重要的信息。如果要汇报的日常工作内容非常多，我们就要考虑哪些是不必要的。在你自己职权范围内的小事，就没有必要多费口舌。

一般来说，你可以考虑汇报三方面的内容：一个是领导最关心的；一个是你自己最得意的；还有一个就是特殊事件。不同领导关心的问题、需要了解的信息、思考问题的角度都不同，所以我们要根据领导的个人偏好和工作内容决定具体汇报内容。

第三，条理清晰，抓住重点。大家汇报工作时，可以列出一个提纲，把每一部分汇报的内容都用一句话总结出重点来。这样在汇报时，你就可以条理清晰地告诉领导，自己今天汇报的内容一共有以下几部分，分别是哪些。同时，还可以把汇报内容分清主次，列出优先级别，只讲重点，因为面面俱到很容易失去领导的注意力。比如，你可以先讲结果，再列出原因。

第四，不必就某一问题做过多解释。在汇报工作时，牢记不要长篇大论，要在尽可能短的时间内，把需要汇报的内容简明扼要地告知领导。那么，就一定要减少废话，尽量让每一句话都有分量。所以，如果不是出现特殊情况，没有必要针对某一问题进行过多解释。

第五，灵活把握汇报的详略。总的来说，我们的汇报要尽量简洁。但假如在汇报过程中，领导对某一内容格外感兴趣，这时候我们可以选择较为详细的重点汇报。

　　大家把这些原则记在心里，自己私底下多练习一下，下次向领导汇报的时候不妨试试看，相信效果应该不错。

绝招 25：给领导出选择题，而不是问答题

　　在一次会议上，一位部门主管认为自己犯错误了，就问身边的经理，自己应该怎样改正。而这位经理也不知道怎么办，就向他的领导汇报，请求指示。结果，一个部门主管身上小小的问题，就这样被一层层推到了总经理那里。

　　在我看来，这种情况太荒谬了，如果把问题推给领导是这家企业的惯例，那么迟早会出问题。首先总经理会疲于应对各种无关紧要的小事，从而没有时间精力认真考虑重大决策；其次，基层员工和管理者，大家都不肯积极思考问题的解决方法，而是踢皮球似的把问题推给领导，这是对工作负责任的表现吗？如果公司中都是这样的员工，企业早晚要关门大吉。

　　有很多沟通能力不强的人，总会犯这样的错误。他们往往会长篇累牍地向领导描述问题，比如上个月人员流动频繁，都有谁谁离职了，是

出于什么原因，任何细节都不会遗漏。这时候，如果领导问他："你有没有考虑过，为什么这个月人员流动这么频繁，是什么原因？应该采取哪些措施？"

对于领导关心的这些问题的答案，他们却支支吾吾答不上来："为什么会这样，我也在琢磨原因。只是最近比较忙，我还没有来得及和部门经理以及相关员工详细沟通。而且，我也想听听你对这件事情的看法。"

那么，领导的回答只能是："你只告诉我出现了这些情况，存在这些问题，却没有调查原因，我都根本还不清楚问题是怎样发生的，你让我怎么拿出措施？我要的是答案，是结果，是解决办法，不是对问题的描述。所以，请抓紧时间把这个问题调查清楚，把你的想法和解决方案拿给我。"从领导的回答中，显而易见，对他处理问题的能力并不满意。

简单来说，你虽然是员工，虽然决策需要领导最终拍板，但对于你负责的工作，领导依然需要你提供解决方案，然后等待批示意见。所以，你需要向他提供可备选的方案，而领导要做的是选择题，不是问答题。因此，你要把各种可能的答案都拿给他，然后让他做选择并且修正。否则，一个只肯丢问题给领导的人，可能会被他认为无能，也不大会受欢迎。

当然，你不可以自作主张做出决策，但是也千万不要以为什么事情都可以请领导出面。我们一定要记得，领导要的不是"存在什么问题"，而是"怎样解决问题"。否则，事事都要领导想办法，都要领导出主意，他恐怕也不太想看到你。不管怎样，你在企业中的位置，绝不仅仅只是传令兵。

　　你的领导越繁忙，你的职位越高，你需要做的决策和判断也越多。一般来说，假如你是基层员工，把问答题丢给自己的主管，还有情可原。但假如你已经是主管，要向经理汇报，就必须同时有自己的想法和处理意见；而如果你处于经理层，要向更高层汇报，就更要简洁清晰，最好让他们做选择题，顶多三选一。

　　领导喜欢你向他汇报，让他能掌握团队的整体状况，但他不会希望你经常敲开他办公室门问问题。假如在问题面前，你没有拿出解决方案，那就意味着你在逃避问题，而不是积极地想办法解决。领导会认为，你这是在推卸责任，反正按照领导的意见去做准没错，即便出了问题也怪罪不到自己头上。假如你是领导，喜欢这样"聪明"的下属吗？

　　在领导看来，"请您出面"以及"您看怎么办"背后的潜台词就是，"这件事很麻烦，还是您来帮我们解决吧"。如果所有麻烦都要领导亲力亲为，他需要你干嘛？只有最笨的员工，才会把问题都留给领导解决。

　　所以，出现任何问题时，我们都要尽快准备好多套方案，并且将每一套方案的优缺点都罗列清楚，如果领导需要，就一一为他们列举。与此同时，你也要有自己的倾向或主张，然后列举理由争取领导能同意你的主张。但最后一定要表示，请领导做出取舍。

绝招 26：拒绝领导，更要把握技巧

我们都只知道，拒绝别人不是一件美好的事情，因此一些人患上了 NSN 综合征。所谓 NSN，其实就是 Never Say No 的缩写，这种综合征是指人们由于不会拒绝而产生的紧张、焦虑、恐惧、自信心下降等一系列情绪障碍。

原来不会拒绝别人还能让自己得病？是的。可是，治疗这种病的方法就是学会拒绝。其实，只要你能够掌握一些必要的沟通技巧，即便是拒绝领导这种想都不敢想的事情，也没有你想象得那么难。

比如，当领导要你做一件急活儿时，你也不能告诉他自己正忙，让他稍后再说。你需要提醒他比较你现有的工作和新事件，哪个更重要，询问这个新工作是否可以按顺序排在你的时间表上，并且向领导指出，高速度的产出，会牺牲部分校核时间和质量。

下面给大家一些关于拒绝的建议。

要做到拒绝但是又不得罪领导，首先要强化领导所要办的事情的难度，让对方自己知难而退。当领导提出一件让你难以做到的事时，如果你直言答复做不到，可能会让领导觉得你不给他面子。这时，你不妨说出一件与此类似的事情，让领导自觉问题的难度，而自动放弃这个要求。

但是如果你的领导是那种不懂装懂的无知型，明明什么都不知道，还非得装出一副很内行、很清楚的样子，有时还瞎指挥一通，那你更得注意，在执行他某些不太妥当的方案时，要在做之前把各种可能出现的问题以及后果告诉他，并且帮他分析，以免到时出问题。

如果是一些十分重要的，或是犯了原则性错误的决策，你应该直接向他说明你的观点并坚持你自己的观点。不过如果他还是不听，非要这么做，那你也只有按吩咐行事。但如果是一些小问题、技术层面的瞎指挥，你不妨灵活处理。

假如你的领导不懂业务，却害怕别人说他是外行，老是装作很在行的样子，挑剔那些能力强的员工，那么，在他瞎指挥的时候，你可以虚心地听，也不和他争辩，可做起事还是按正确的方法做。

其次，当领导提出某种要求而你又无法满足时，你可以设法造成已尽全力的错觉，让领导自动放弃其要求，也是一种好方法。

比如，当领导提出你不能满足的要求后，就可采取下列步骤，先答复："您的意见我懂了，请放心，我保证全力以赴去做。"过几天，再告诉他其中的为难之处。尽管此事最后不了了之，但你也会给领导留下好感，因为你已造成"尽力而做"的假象，领导自然也就不会怪罪你的态度了。

通常情况下，人们对自己提出的要求，总是念念不忘。但如果长时间得不到回音，就会认为对方不重视自己的问题，反感、不满由此而生。相反，即使不能满足领导的要求，只要能做出些努力的样子，对方就不会抱怨你。

第三，要想做到拒绝但是又可以得到领导的理解，回复领导时必须字斟句酌，慎用否定字眼。可以把拒绝和否定，变成建议。

比如，领导随手一指，交给你一项自己不擅长的工作，而这项工作原本是有其他同事专门负责的，这时候，你可以这样拒绝："领导，我的特长是前期策划，如果您让我做后勤管理和物流控制，我当然十分乐意去学习。只是这样恐怕会占用一定的时间，影响项目的整体运作效率。所以我还是建议您派专业人士去做这个项目，而我继续在自己擅长的领域全力配合。"

这种方法既拒绝了领导的不合理要求，强调了自己的长处和短处，又通过这种暗示，告诉领导应当根据每位员工的特长选择合适的人选，保证项目的执行效率，比起："不行，这不是我的工作"给人的感觉，肯定是不一样的。

另外大家记得，对于朋友或者陌生人，拒绝的时候，可以避开实质性的问题，用模棱两可的语言做出具有弹性的回答。但当领导对你提出一个要求时，和稀泥式回应不会对任何人有帮助。"我尽量出席"这种话，不是领导希望听到的。

　　总而言之，拒绝你的领导，一定要讲究策略。如果生硬地拒绝，对方则会产生不满情绪，认为你没有能力胜任工作。但如果拒绝得好，对方并不会因为你的拒绝而生气，甚至会认为你是一个坦诚的人，值得培养。所以，这门学问，大家还是要好好揣摩一下。

绝招 27：提要求，加薪讲究天时地利人和

　　说实话，给领导提要求这事儿，是非常考验口才的。如果领导刚刚给你布置了一项任务，你跟他要人要钱要保障，这通常还比较好说。但假如是你个人利益方面的要求，比如说升职加薪，怎样把它说得让领导爱听，并且能够答应你呢？

　　一般来说，西方人对于这种事更习以为常，但我们从小受到的教育，让我们根深蒂固地认为，领导不喜欢提加薪的员工。所以在很多人的工作经历中，加薪的情况几乎都是领导主动提出来的。

　　的确，事业单位和大型企业，有自己完善的考评制度，该给你的不会少。前不久跟朋友们还聊起这个话题，在座的很多人，都已经拥有了近 20 年的职场生涯，却从来没有过跟领导主动谈加薪的经验。

可是，很多规模小一点的公司，未必能做到这一点。如果你的工资数十年如一日，或者和十年前相比，只涨了一百块钱，你打算怎么办呢？

"加薪，谁不愿意啊？但主动找领导谈，还真没想过。"我的一位学员这样说道，我相信这是很多人的心声。我的这位学员，她四年前大学毕业的时候，月薪是税前 4000 元，转正以后 4500 元，从此就再也没有涨过。可是这四年间，她的工作量突飞猛进，别看是女孩子，一个月得有半个月是在出差，周末经常不休息，加班是常事，而且没有加班费。她认为自己的付出和报酬严重不成比例，对工资非常不满意。她很想问领导一声："我工作这么辛苦，难道你看不到吗？"可是终究还是没有。

她跟我说，她从小受的教育让她不愿意主动谈钱，她也不想领导误会她的工作原动力是钱，因为她其实很看重工作中的成就感，以及自己喜不喜欢。但是另一方面，她又希望领导看见她的努力，主动给她涨薪。因为，这时候她不仅能加薪，还能获得被肯定的愉悦感。而争取来的，感觉总是没有主动给的感觉好。

纠结了很久，最终还是辞职走人。去了一家新的公司，薪资果然涨了 80%，但是要在一个新的环境里重新做起，她也不是没有遗憾。

我非常能理解她的感受，这可能也是很多人的做法。我相信，如果有 10 个人强烈希望加薪，那么最终可能只有一个人真的开口提出来。

虽说就像《大话西游》中的那句经典台词一样："你想要啊？你想要就说啊，你不说我怎么知道你想要呢？"主动去谈，至少你还有一线希望。但是我并不鼓励大家开口，因为不管怎么说，开口跟领导提加薪都是一个相当棘手的事儿。据我所知，很多人去找领导提加薪的时候，都已经是被逼上梁山的地步，口袋里还偷偷揣着一份辞职报告。如果领导不答应，立马就把辞职报告丢给他。

其实大家也不用这么决绝，对于这一个去找领导开口提要求的人，我有一些建议给你们，希望能帮你们顺利达到目的。

想要求加薪，首先你要证明自己薪水确实比别人低的事实。要想不动声色地探知同行间的薪水状况，你可以到职业介绍所或人力资源网站等相关的机构拜访和咨询，可以获悉各行业基本的薪资范围。

在开口谈加薪之前，可以先做一些铺垫。比如：您觉得我的工作表现怎样啊？您想让我对公司做出的最大贡献是什么？您认为我应该做出哪些改进？在我的业绩评估准备中，我还应该做哪些事情来提高呢？这些问题，会让领导觉得你不那么自私，也会让他意识到你的价值。

谈加薪的理由，一定是你的业绩和价值。不要跟领导大谈你正在贷款，而且有买车、买房等个人消费问题。你必须向公司证明你值得加薪，而不是你需要加薪。你要列举一些具体的实例，来证明你的总体表现。提前做好充分的准备，准备好说明你的业绩是如何给公司创造利润的，以及你准备在将来怎样继续为公司创造利润。

提出要求的方式，可以更幽默一些。比如：如果你跟领导暗示明示过很多次，他就是不接茬，那就可以幽默地直接提出来："您说吧，怎么着才能达到您的加薪要求啊？再不涨工资，我老婆都要跟我离婚了。"这样即便被拒绝，也不会显得太尴尬。

还有就是，一定要把握好时机。如果你的公司刚刚裁员或减薪，你最好不要提加薪的事情。一般来说，提加薪最好的时机，是公司每年年底都进行的业绩评估时期，那也是一个跳槽的高峰时期。还有就是，如果跟领导一起出差，那也是个谈薪的好时机。

另外，提出加薪，最好找你的直接主管，因为他对你更了解，你可以更好地表达自己的意图，可以避免一些不必要的麻烦。而且，每个领导都对属下越级报告非常有意见，况且大领导可能根本不认识你，谈话效果会打折扣。

最后提醒大家一点，无论如何，不要抱着嚣张或敌对的态度提要求。也不要用离职来威胁你的领导，如果你真的非离职不可的话，也要用非威胁的态度处理这件事情，因为这样你就可以自己掌控什么时候、如何离开。

当然，并不是每个提出加薪的要求，都会获得领导应允的，有可能是综合表现没有达到他的要求，有可能是公司这一年的效益平平，甚至是提出加薪要求的那天，领导的心情欠佳……都有可能让加薪的愿望落空，这都很正常，大家也不用太在意。

总而言之，跟领导提要求这件事，得是沟通第一，加薪第二，以实力为基础，以自信为底色。谈成了那是锦上添花，谈不成咱也没什么损失，这样才是比较成功的提要求。

绝招 28：顾全他的面子，比拍马屁更有效

在一次公司召开的年终总结大会上，部门经理正在向领导和全公司员工汇报工作，他念着稿子："今年本公司的合作单位进一步扩充，到现在已发展到 56 个"。

话音未落，他的一个下属站起来，冲着台上正讲得起劲的经理高声纠正道："不对！不对！那是年初的数字，现在已达到 78 个了。"结果全场哗然，经理顿时尴尬得面红耳赤，下不来台。

你或许觉得，这个员工没错啊，他说的是事实啊。可是不要忘了，人都爱面子，尤其是在众人面前的时候，而领导更是如此。

身为领导者、管理者，你的领导需要驾驭自己的下属，需要在众人面前树立自己的形象，维护自身权威。他们当然会犯错，错了也是要纠正的，可是纠正更是要讲方法的。像上面那位员工那样纠正，经理怎么可能欣然接受？如果你不注意给领导台阶下，很有可能会让自己也下不来台。

我们可能都听过"晏子使楚"的故事。就是那个机灵的晏子，他的君王齐景公是个好色贪杯的昏君。晏子作为人臣，给我们树立了许多"聪明做人"的榜样。

有一次，齐景公抱着美女饮酒七天七夜还不停杯。大臣弦章进谏说："您饮酒七天七夜了，我请求您停止。不然，请您把我杀了。"正在这时候，晏子入见。

齐景公说："弦章这小子竟然这样阻止我饮酒作乐。如果我听从他的，不是臣子反过来管我了吗？如果把他杀死了，我又舍不得。"晏子回答："弦章幸遇明君！如果他碰到殷纣那样的昏君，早就死了。"齐景公闻言，便停止饮酒。

我们可以看到，弦章的"死谏"一下就把一国之君推入了两难的境地：听弦章的话，显得君为臣所制；如果不听，又将正直的弦章推向死神。齐景公虽然舍不得弦章，但如果没有台阶下的话，很可能会不得不杀了这位臣子。

而聪明的晏子，一句话便将齐景公从两难处拉了回来，既保全了齐景公的面子，又救了弦章的性命，促使齐景公不再沉湎于酒。在"伴君如伴虎"的社会中，也只有这样，才能让事情拥有皆大欢喜的圆满结局。也正是因为这样，聪明做人的晏子，才能在齐景公心中占据不可替代的位置。

为人下属与为人臣子的道理是相通的。所以，我们在做好本分工作的同时，也要学会为领导着想。要知道，所有当领导的人，都是很在乎自己的面子的，这是他们的威信所在，所以，身为下属的你，就要做到体谅领导，考虑到领导的难处，顾全到领导的面子。

如果说对领导拍马屁是锦上添花，那么，推功揽过就是雪中送炭。领导也不是万能的，总有可能做错事。这时候，聪明的员工就知道，要

经常背着一个梯子——永远给领导台阶下。

作为下属，维护领导的尊严和权威，是最能赢得领导信任和青睐的。在关键时刻及时保住领导的颜面，必要的时候自己把责任揽下来。这样做会给领导留下极好的印象，也会给你的职场生涯带来更多机遇。

田叔是西汉初年人，曾经在刘邦的女婿张敖手下为官。一次张敖涉嫌与一桩谋杀皇帝的案子有关，被逮捕进京。刘邦颁下诏书说："有敢随张敖同行的，就要诛灭他的三族！"

可田叔不计个人安危，剃光了头发，打扮成一副奴仆的模样，随张敖到长安服侍。后来案情查清，与张敖无关，田叔由此以忠爱其主而闻名。

汉武帝非常赏识田叔，便派他到鲁国去出任相国。鲁王是景帝的儿子，自恃皇子的特殊身份，骄纵不法，掠取百姓财物。田叔一到任，来告鲁王的多达百余人，田叔不问青红皂白，将带头告状的 20 多人各打 50 大板，其余的各打 20 大板，并怒斥告状的百姓道："鲁王难道不是你们的主子吗？你们怎么敢告自己的主子？"

鲁王听了很是惭愧，便将王府的钱财拿出来一些交付田叔，让他去偿还给被抢掠的老百姓。田叔却不受，说道："大王夺取的东西而让老臣去还，这岂不是使大王受恶名而我受美名吗？还是大王自己去偿还吧！"

鲁王听了心里美滋滋的，连连夸赞田叔聪明能干、办事周到。

作为下属，不仅要善于推功，还要善于揽过，两者缺一不可。因为人性决定了，大多数人愿做大事，不愿做小事；愿做"好人"，而不愿充当得罪别人的"坏人"；愿领赏，不愿受过。你的领导，他也不例外。所以，把他想要的给他，你也能得到自己想要的青睐。

第七章

如何低调地
让同事喜欢你?

我们跟同事的关系，是非常微妙的。大家既是合作伙伴，又是竞争对手。而且大家每天至少要待在一起七八个小时，低头不见抬头见，怎样跟同事沟通、让他们更喜欢自己，是一个非常要紧的话题。它不仅关系到你是否受大家欢迎，更关系到你自身的前程。所以，这一章我们就要看看，怎样做一个非常聪明的人，用好口才赢得同事的好感。

延伸阅读 >>>

为什么情商高的人
都爱装糊涂?

绝招 29：避开办公室的谈话禁区

　　两只乌鸦在树上对骂。它们越骂越凶，越吵越激烈，最后，一只乌鸦叼起一样东西，向另一只乌鸦打去。那东西击中对方后碎裂开来，这时，扔东西的乌鸦才发现，自己打出去的东西，原来是一只尚未孵化好的蛋。

　　我们说话也是一样，如果不够慎重，就会像故事中的乌鸦一样，伤害的是自己。在职场中，说了不该说的话、表达观点过激、冒犯了他人的权威、个性太过沉闷，都会影响你的职业命运。那么，我们在跟同事说话的时候，到底需要避开哪些谈话"禁区"呢？

　　传播流言。只要人多的地方，就会有闲言碎语。有时，你可能不小心成为"放话"的人；有时，你也可以是别人"攻击"的对象。这些话，比如领导喜欢谁，谁最吃得开，谁又有绯闻等，就像噪声一样，影响人的工作情绪。

　　聪明的你，请不要做办公室里的 BMW(Big Mouth Woman)。适时地闭上你的嘴巴，你会看起来更加可爱。不要罔顾别人的想法而肆意倾倒你的垃圾信息，更不要随便对一个不熟悉的人卖弄你的小道消息和私人问题。

任何时候，散布传言的"大嘴巴"都不受人欢迎，面对传言冷静坦然的态度，会使你更受到同事的欢迎。如果有人向你传播流言，说同事的坏话等，你应该让"流言止于智者"，听到后，避免"二次传播"，这才是聪明人的做法。

说不该说的话。有时候同事之间或许会流传一些小道消息，例如某某要升职了，某某要被开除了，或者奖金要发下来了，要涨工资了等。这时候如果你恰巧因为做了某个职位或者某些特殊的情况知道了这些消息的具体内幕，别人向你打听，最好不要全盘托出，毕竟事情还没有真正发生，如果你自行透露，总会有人失望有人得意，两头不好做。所以你大可以直接说"不知道"，或者拿出一些令人信服的理由说："哦？我不知道啊，这几天也没见到领导。"

在办公室大谈私事。你的周围或许会有这样的同事，特别喜欢找人聊天，而且性子又特别率直，动不动就向别人倾吐苦水。虽然这样的确能很快拉近彼此间的距离，但是能够保守秘密的人却少之又少。如果你真的向别人倾诉那么多，难保不会让周围的人知道。

所以，当你个人生活出现危机的时候，比如失恋、婚变之类的，最好还是不要在办公室里随便找人倾诉；当你的工作出现危机的时候，比如工作不顺，对领导、同事有看法，就更不要在办公室里说了。过分直率只能让自己的生活更糟糕。如果你真有这样那样的问题，不妨下班后找朋友聊天,而不要在办公室这样的公共场所讨论。

在同事面前大肆炫耀。你一定要记得,不要在同事面前炫耀。如果你刚刚买了别墅或利用假期去了香港购物游玩,千万别到办公室来炫耀。有些快乐,分享的圈子越小越好。否则,张扬过度容易遭人嫉妒,万一被人算计,那时候后悔也来不及。

雄心壮志总是挂在嘴边。在办公室里谈人生理想似乎显得有点滑稽。雄心壮志是要放在心里,而不是挂在嘴上的。它只能和家人、朋友分享,而同事和朋友,还是有区别的。办公室里,要是你每天都唠叨"我要当经理"之类的话,很容易变成经理的敌人,或被同事看作异己,没有人喜欢被威胁。

公开自己的进取心,很大程度上就等于向同事宣战。做人低姿态一点,是自我保护的好方法。更何况,如果你的雄心壮志实现不了,在同事眼里就成了说大话的人了。

四处打听薪水和奖金。很多公司不喜欢员工互相打听薪水,因为同事之间的薪水往往有不小的差别,如果公开,难免有人会心里不平衡。有些同事喜欢故作潇洒地说:"我这个月工资……,你呢? "如果他比你钱多,他会假装同情,心里却暗自得意;如果他钱没有你多,他表面上对你表示出羡慕,私底下却有可能不服。这样一说,薪水还是互不知道的好。如果真的有同事问你的薪水,不妨直说:"我不想谈这个问题。"

有些人喜欢与人共享快乐,但涉及你工作上的信息,譬如,即将争取到一位重要的客户,领导暗地里给你发了奖金等,最好不要拿出来向别人炫耀。只怕你在得意忘形中，忘了有某些人眼睛已经发红。

另外，在办公室里不适合谈论的话题，还包括你的家庭矛盾、职业志向、健康问题、宗教等。一般而言，和同事闲聊时，适合的话题包括：天气、新闻事件、家庭成员、运动、书籍、旅行、美食、影视剧等，大家可以作为参考。

绝招 30：绝不争论，避免正面冲突

有些人喜欢争论，一定要胜过别人才肯罢休。假如你实在爱好并擅长辩论，那么，建议你最好把这项才华，留在办公室外去发挥。否则，即使你在口头上胜过对方，但其实你是损害了他的尊严和自己的形象，对方可能从此记恨在心，而别的同事也会对你暗中提防。

跟同事聊天的时候，就算对方说的话有一些不合理的地方，也不要挑毛病，不要当场提出自己的批判性意见，更不要与对方争论，尽量避免使用否定别人的回答或评论式的回答，比如"不可能""我不同意""我可不这样想""我认为不该这样"，等等。因为不管后面的话多么友善，这些否定性的词语，已经让对方心里不痛快，并且产生防卫心理了。

无谓的争论，除了会破坏同事之间的关系外，毫无意义。带有偏执的、明显攻击性的争吵，就像恶魔一样，吞噬着同事之间的友情。辩论双方因固执地坚持自己的观点而争吵得面红耳赤、难分胜负，往往为芝麻大的事钻牛角尖，结果两败俱伤。何必呢？

这不，我的一位学生小蝶，就讲了一个自己的故事。她是一位妈妈，倒没有因为工作问题跟同事闹矛盾，而是因为带孩子的问题，跟同事争吵了起来，从此以后一直不愉快。

原来，俩人的孩子年龄相仿，时不时会交流一下育儿心得，关系一直还算不错。但是，这一次，俩人却吵了起来。她的同事小柳，那几天上班都精神不好，小蝶关心地问了问，小柳说，因为孩子总是晚上醒来哭闹，而且跟他们夫妇睡大床，所以很方便，就抱起来哄着。结果害得自己晚上老睡不好。小蝶就建议她，让孩子自己睡，小柳推辞说孩子不愿意。

过了几天，又说到这个问题，小蝶就直接说，小孩的习惯都是大人养成的，这就是你之前不好好管，所以才会这样。我家孩子就很听话，你得帮他养成好习惯。

其实小蝶原本没有恶意，但小柳一听不乐意了："我可没有你那么自私，这么小就把孩子放一个屋里睡觉。"

小蝶也不高兴了，争辩说："那不叫自私，大人孩子都挺舒服的。"

小柳回道："那可不行，万一要是不在我身边，有个三长两短的我可承受不了。"

小蝶更生气了："什么叫三长两短，孩子一个人睡就有三长两短了啊？说的好像只有你爱孩子似的。"

俩人就这样不欢而散了。从此，小柳经常背后跟人说小蝶自私。

这又是何必呢？在与他人相处的过程中，人们常常会因为对事物的理解不一，个性、爱好、脾气、要求不同，以及价值观的差异而产生矛盾、冲突。这都是很正常的，这时候，我们应记住一位哲人的话："航行中有一条规律可循，操纵灵敏的船，应该给不太灵敏的船让道。"假如你是一个灵敏的人，就给那个不够灵敏的让一下路吧。

除了这种生活上的事情没必要跟同事较真，工作上的事情，大家可以讨论，但也没有必要争论，更不要争吵。

我们开口说话，肯定是想通过谈话达到一定的目的，可是你要知道，虽说真理越辩越明，但很少有人有足够的雅量。通常情况下，并不是咄咄逼人、言语犀利、步步紧逼就能达到想要的结果。为了说服别人，我们必须避免争论。因为争论不是说明事实的方法，更不是说服别人的办法。

所以，永远避免跟同事正面冲突。十之八九，争论的结果，会使双方比以前更相信自己的绝对正确。你赢不了争论，即使赢了，但实际上你还是输了。为什么？因为你伤了他的自尊，他会怨恨你的胜利。而且一个人即使口服，但心里不一定也服。

正如睿智的本杰明·富兰克林所说："如果你老是抬杠、反驳，也许偶尔能获胜，但那只是空洞的胜利，因为你永远得不到对方的好感。"

靠争论，你无法说服一个人喜欢啤酒。同样，靠争论，你也很难让对方喜欢你。我们可以选择更有理性的方式去达成目的。

如果工作中与同事之间有了不同意见，我们最好用商量的口气，婉转地提出自己的看法，尽量避免生硬的"你的看法不对……""你根本就不行……"等伤害他人自尊心的言辞。

如果遇到不合作的同事，则要表现出你的宽容和修养。学会耐心倾听对方的意见，并对其合理成分表示赞同，这样不仅能使不合作者放弃"对抗状态"，也会开拓自己的思路。

绝招 31：不招人恨，保持谦虚的态度

相信很多人都深有体会，那些说话做事时，不时暴露自己的优越感的人，最让人烦。我们经常会听到以下这样的句子：

你这人总是不爱说话……

你的问题是……

你呀，就是没有进取心……

你努力得还不够……

在交流中，像这样给别人贴"标签"的评论会给人一种居高临下的感觉。要是长辈、师长这样对我们说话，我们虽然心里不高兴也能够理解。

但是，如果有同事喜欢用这种标榜、评论的方式说话常常会让我们感到反感：你有什么资格教训别人指导别人？居高临下，拿出领导的派头，你把对方置于什么位置呢？因此，跟同事说话，你必须要掌握的一个分寸就是端正态度，切忌优越感过强，以至于让人反感。

也许，你是公司不可或缺的人才，领导都让你三分，但大家要记得一句话：那些比你矮的人，希望你低下头看着他，或者蹲着和他说话。你越是站得高，你的谦虚就越有分量。假如因为自身地位、资历"高人一等"或"强人一筹"，就颐指气使，说话居高临下、盛气凌人。这样做，终有一天会自取其辱、自尝苦果。

一家公司的会计由于激起了公愤，结果被迫辞职。原因其实很简单，就是她太有优越感，导致人缘超差，最后连一个支持者都没有。

事情是这样的，在公司里，作为掌握财政大权的会计，她的地位是很超然的，大家的工资奖金补贴都要从她手里过，也就如此，培养出了她超乎寻常的优越感：对大家的日常工作时不时指手画脚一番，让人感觉厌烦；集体外出时，80％的人同意一项活动，她偏偏不同意，还非要别人都听她的；跟人说话的口气，都是居高临下的，感觉好像高人一等；至于平时在报销上拖延更是常有的事……

终于某一天，这位会计颐指气使得太过分了，有一名员工忍无可忍，跑去主管那告状，主管在员工中了解情况时，受会计"压迫"多日的同事们群起反抗，大家纷纷历数她的"罪状"，竟没有一人为她说好话。结果自然是会计黯然离职。

也许你确实很优秀，但是并不代表没你不行。也许你的贡献确实比团队其他成员大，但是你的成功也不能离开团队中别的成员对你的配合。如果没有强大的团队作为支撑，你一个人不太可能把工作做得那么好。所以，千万不要有骄矜之气。

所以，不管你多强，都没必要在同事面前趾高气扬。那些动不动就认为自己比别人强百倍，处处显示自己比别人高明的人，无形之中贬低了别人，侵犯了别人的自尊，会引起别人强烈的反感，造成人际关系的破裂。假如同事都不喜欢你，身边都是敌人而没有朋友，想要让工作顺利开展下去，恐怕你就得付出更多努力。

而谦虚的人，总是受到欢迎，因为即使才高八斗、能力超群，他的谦虚依然不会让人感到压力，不会让人相形见绌，也可以减轻别人的嫉妒心理，招来的敌意自然比较少。

因此，假如你很优秀，那么非但不能在同事面前太自傲张狂，反而要特别注意谦虚低调做人。说话时，要能够藏锋示拙，谦虚诚恳，善于照顾他人的感受，才能更让人喜欢。

比如，你的某一位老同学去单位找你，听说你高升了，对你大加赞扬："刚毕业一年多就提升为业务经理，真了不起，大有前途呀！祝贺你啊！"这时候，你有很多同事在场，而且其中还有你们共同的大学同学，你该怎么说呢？

如果你说："那是，我的能力你又不是不知道，这还不是小菜一碟，凭我的水平和能力早可以提拔了"，你觉得别人心里会怎么想？"没什么，没什么，老兄你过奖了。主要是我们这儿水土好，领导和同事们抬举我。"如果你能压抑着内心的欣喜，这样谦虚地回答，就不至于招致别人反感了。

所以，平时跟同事在一起的时候，言谈中多一些谦虚的话，就能有效地减弱别人的嫉妒心理，也更容易让对方发自内心地接纳你，受到他们的欢迎。

绝招 32：做回学生，多向同事讨教

喜欢倚老卖老、处处干涉、事事指导的人，往往招人讨厌，所以我们不能做这样的人。但是，如果遇到这样的人呢？那我们就给对方他想要的吧，不妨把自己姿态放低点，满足他们"好为人师"的毛病，让自己从中获取一些信息。尤其，当你是刚毕业的学生或者初来乍到的新人，就更应该这样做了。

一般情况下，有资格倚老卖老的同事，在单位里通常是年资够久、经验丰富，却升不上去的人。为什么大家都不是很喜欢这样人呢？因为没有人喜欢别人对自己的工作指指点点，也没有人愿意让别人觉得自己需要指导。

但是，那些喜欢对别人的工作指手划脚的人，之所以这样做，是因为太缺乏成就感了。既然那些老资格的同事喜欢指点别人，那就如他所愿，多向他们讨教吧。这样的人通常手中都握有筹码，才敢如此倚老卖老。

一般来说，他们确确实实有过人的技术技能，但可能因为缺乏领导的特质，或是格局与视野不够，没有获得升迁。虽然不是领导，但在实务操作上都称得上师傅级别，更可以称得上是部门的意见领袖，因而在团队里仍然有根基很深的影响力。所以，对于这种人，每个人都要注意沟通技巧，才能减少自己的麻烦事儿。

我有一位侄子，刚刚毕业参加工作，有一天跟我抱怨，说自己部门有一位年过四十的同事，还跟自己一样，没有任何职位，只是普通员工。但这个人管得特别多，早上谁迟到了五分钟，谁的办公桌没有打扫干净，他都一清二楚，而且逐个唠叨。

这天，他慢条斯理地走到我侄子身边开口了："小梁啊，你写的这份报告我看到了，你看看，标点符号用错了多少？这样的东西如果拿给总经理看，他对我们会是什么印象？别看标点符号是小事，那是我们从小到大都在学的东西，这都用不好？而且关键是态度……"他滔滔不绝地批评，小伙子只有听着的份，心里忍不住嘀咕他多管闲事。

我听完以后，跟侄子推心置腹地谈了谈，把很多道理跟他讲了讲，他孺子可教，话都听进去了。从那以后，他做事分外小心，对这位同事也格外尊重。为了不让这位同事唠叨，他早上第一个到，下班最后一个走，写每一份资料都仔细斟酌，打每一个电话都用心揣摩，力求做到最好。

久而久之，这样做的结果是，在几个一同进公司的年轻人当中，那位同事对我侄子特别欣赏，经常在业务上对他进行指点，小至一份合同的撰写，大至跟客户打交道的技巧。除此之外，公司的一些人际关系，他也跟我侄子讲，避免他无意中卷入"派系"斗争中去。

大家可以想想看，如果我侄子不把这位同事放在眼里，那么这位同事跟他同级，可能拿他没办法，但肯定也不会帮他，让他进步这么快。

在每个公司里，可能都有这样的老员工存在，他们年纪相对较大，对公司忠诚，做事认真，严于律人律己，力求做到完美。要想获得这种同事的好感，不用奉承，不用套近乎，只要兢兢业业做好自己的本职工作，多向他们请教就行了。

除了那些爱教育人的人，事实上，公司每一位同事都有特点，他们身上都有那么多值得学习的地方，而且每一天都在言传身教。不要自以为是地把同事分为好同事坏同事，或许他们任何人身上都有你所缺乏的特质。

你肯定不怎么喜欢那些看起来没有你踏实，却比你会表现的同事。这是因为你站在自己的立场上，觉得自己没有得到足够的赏识和重用，所以不肯仔细去想。其实，是他们高超的与领导的沟通技巧、表现技巧使他们上升。你该不该向他们学习？其实，当你对这些同事深表气愤的时候，你可能正被他们定义为"不会做人"，甚至被认为是长期不开心、情绪不稳定的消极同事。这一点，你有没有想过?

所以，你需要做的不是评判同事的是非得失，而是尽力去发现他们的优点并学习。如果你真的能做到，人际关系和办事能力都能得到突飞猛进的提高。

绝招 33：善于"遇物加钱，逢人减岁"

在日常的聊天中，有一些开口就能让人喜欢的说话技巧，它们是非常简单，但又是非常实用的，如果能够经常恰当地使用它，一定会为你和同事的关系增色不少，让他们更喜欢你。

这里我打算着重讲讲常用的"遇物加钱"与"逢人减岁"。这是两种在语言交际过程中，针对人们的普遍心理而采用的投其所好和讨人喜欢的说话技巧。

我们先来看"遇物加钱"。买东西，是我们每个人日常生活中再平常不过的一种生活行为。人们普遍的购物心理是，自己能够用"廉价"购得"美物"，通常那些善于购物的人都具有这样的特点，那是精明人的一种象征。

也许我们做不到精明人的精明，也不一定都善于购物，但我们还是希望我们的购物能力能够获得别人认可的。所以，当我们购买了一件物品后，要是自己花了 50 元，别人却认为只需 30 元时，我们往往会有一种失落感，觉得自己不会买东西。

相反，当我们花了 30 元买了一样东西后，别人认为需要 50 元时，我们又往往会有一种兴奋感，感觉自己很会买东西。正是这种购物心态的存在，"遇物加钱"这种说话技巧便有了用武之地。

比如，同事买了一套样式挺不错的西服，你知道市场行情，这种衣服一两百元完全能够买得下来。于是你便在猜测价格时说："这套西服不错呀，至少得花三四百元吧？"同事听了一定会非常高兴，往往会笑着说："你没想到吧，我花 150 元就买下来了！"

这里，你的说话方式就是很有技巧性的。你在并不知道同事花了多少钱买下这套衣服的情况下，故意说高衣服的价格，从而令对方产生成就感，当然会让对方高兴了。

"遇物加钱"这个方法很能讨对方欢心，操作起来又很简单，你只要对对方购买的东西的价格高估就可以了。当然"价格高估"也要注意，首先你要对商品的物价心里有底，其次是不能过于高估，否则收不到好的效果。

下面我们来说"逢人减岁"。只要是人，有谁不希望自己永远年轻而不要过早地老去呢？所以，成年人对自己的年龄是非常敏感的。例如，你是一位刚刚三十出头的小伙子，却被别人看作是中年人了，你心里能高兴吗？女人更是这样，你要是敢把一个女人的年龄说大了，她没准儿记恨你一辈子。

出于成年人普遍存在的这种怕老心理，"逢人减岁"这种说话技巧便有了讨人喜欢的"市场"了。这种技巧的特征在于，把对方的年龄尽量往小说，从而使对方觉得自己显得年轻、保养有方等，进而产生一种心理上的满足。

举个例子，一位三十多岁的女人，你说她看上去只有二十多岁；一个六十多岁的人，你说她看上去只有四五十岁。这种"美丽的错误"，对方根本不会认为你缺乏眼力，对你反感。相反，她会对你产生好感，形成心理上的相容。

当然，我们要特别注意的是，"逢人减岁"这种技巧通常只适用于成年人，尤其是中老年人，特别是中老年女人。假如面对的是幼儿或少年，尤其是男孩子，我们就要用"逢人添岁"，也就是把对方的年龄往大处说，这种技巧效果会较好，因为他们往往有一种渴望长大的心理。

有人可能会说，同事的年龄我知道啊，这种技巧用不着。在同事身上用不着，在他的家人身上可以用到啊。比如很多同事会给大家看自己孩子的照片，这时候，假如一个三岁的宝宝，你问："有两岁了吧？"相信这位女同事心里一定不会非常高兴。

其实说到底，这种沟通技巧就是美丽的谎言，大家要注意领会精髓。它的根本精神在于，你要了解对方的心理需求，然后投其所好，不动声色地满足他们。这是一种善意的恭维，可以收到皆大欢喜的效果，所以也无伤大雅，不妨多用。

大家不要觉得这样说话是虚伪，善意的谎言是美丽的。当我们为了他人的幸福和希望适度地扯一些小谎的时候，谎言就变成了理解、尊重和宽容，具有神奇的力量。

绝招 34：多说顺耳话，让别人肯配合你

一个小男孩十分渴望母亲能给他买一条牛仔裤，但是他怕遭到母亲的拒绝，因为他已经有一条牛仔裤了。于是他想了想，决定不采取苦苦哀求或撒泼耍赖的方法，而是一本正经地说："妈妈，你可是世界上最好的妈妈。你见没见过一个孩子他只有一条牛仔裤？"

这句天真而略有计谋的问话，一下子打动了他母亲。母亲觉得要是不答应孩子的话，简直就对不起他了。所以，最后男孩终于满足了愿望。

连孩子都明白的道理，你也一定懂得，只是不一定上升到理论高度，也不一定运用得非常娴熟，但你一定会承认这一策略是非常有效的。

毕加索的儿子小克劳德也深谙此道。他的母亲弗朗索瓦兹·吉洛特十分爱好绘画，一入画室便不容有人打扰。

有一次，儿子想让妈妈带他去玩，可吉洛特已全身心投入到绘画上，

听到敲门声和儿子的喊声，只是回应了一声，仍旧埋头作画。停了一会，儿子又说："妈妈，我爱你。"可得到的回应也只是："我也爱你呀，我的宝贝儿。"门还是没开。

儿子又说："我喜欢你的画，妈妈。"吉洛特高兴了，她答道："谢谢！我的心肝，你真是个小天使。"可仍旧不去开门。儿子又说："妈妈，你画得太美了。"吉洛特停下笔，但没有说话，也没有动。儿子又说："妈妈，你画得比爸爸好。"

吉洛特的画当然不会比丈夫——绘画艺术大师毕加索画得更好，但儿子的话却句句说到了她的心里，她也从儿子那夸大的评价中感到了儿子的心情，最终还是把门打开了，放下工作，带儿子出去玩。

故事中的小克劳德真是厉害，在求人的时候，还懂得举一反三，一方面学会给人戴高帽，另一方面还运用软磨硬缠的技巧。如果我们能将这些方法重新组合，融会贯通，那么，请人帮忙、让人配合，简直是太容易了。

好话谁都爱听，顺耳的话总是更舒服。工作中，很多时候我们都需要同事的帮忙和配合，但那未必是他的义务。那么，怎样才能让他们心甘情愿的帮助我们呢？这时候，我们不妨适度给对方戴高帽、赞美对方，这会让他觉得，你十分看重他的能力，他的帮助对你来说至关重要，让他的虚荣心和自尊心得到极大满足，也就难以拒绝你了。

"小林，帮我写一篇演讲稿好吗？"

"我没空。"

"求你了，你写文章那么棒！"

"我真的没空。"

"帮帮忙吧。我知道你忙，可是这个忙只有你能帮，我其他朋友都不会写这种东西，你是最佳人选。再说也用不着多长时间，上回你写那篇人物采访，才写了两个小时，写这个，肯定一个小时就够了。写完我请你吃饭还不行吗？"

"好吧！"

你看，对别人某些固有的优点进行褒奖，使对方心理上得到满足，在较为愉快的情绪下，他就会自然地接受你的请求。

那些聪明又会说话的人，在请同事帮忙时，一定会让对方觉得，他是唯一的或最重要的人选，自己对他是非常看重的。如果让对方觉得自己不过是替补，是你找不到最好的，只能退而求其次，对方会认为，你根本不需要他的帮忙，或根本不在乎他的功劳。

所以，千万不要说："小陈不在，你来帮我好了。"应该说："你的活儿干得很仔细，帮我一下好吗？"

还要学会激起别人的自尊心、使命感，你要学会鼓励别人，如："我觉得你办这事最合适了！""你做这个事，我最放心！"高帽子戴上了，人们就很难拒绝你，办事也就顺理成章了。

当然，赞美也要恰到好处，不能漫无边际，变成了肉麻的吹捧，那会让人觉得，你是为了求他办事，什么话都说得出来。

另外，请人配合时，方方面面体贴周到是极其重要的。你要考虑，自己的请求会不会给对方带来压力？会不会让对方过于为难？这些难处，你自己首先替别人想到，比他自己本人说出来要更好。把话说得圆满点儿，别人也会尽自己的力量来帮你。

比如，"我知道这件事会给您添很多麻烦，但是我也没有别的门路，只能是拜托您了。请您多包涵。"这样说，对方也会产生将心比心的情感，乐于帮你的忙。

第八章

如何充分地
调动下属的积极性?

保持员工士气高涨的诀窍看来是很简单的：让员工感到满意和被尊重，对企业需要的行为及时奖励，对员工进行合理的回报。但是，说起来容易做起来难，这需要管理者有必要的沟通技巧。如果我们能够用最善解人意或最贴切的话来表达自己的意图，就更容易让下属心服口服，不但有助于管理，还可以充分地调动他们的积极性。

延伸阅读 >>>

学会这一招儿，
拒绝别人不尴尬！

绝招 35：会开得明明白白，话说得清清楚楚

当人类告别个人英雄主义时代，越来越多的事情需要通过团队协作来完成时，无论在哪一个组织里，会议都成了必不可少、行之有效的沟通方式，是一个完成很多重要工作的场合。而对于管理者来说，开会更是日常工作中的重要内容，你不仅仅是会议的参与者，更是很多会议的组织者、主持者。

我相信，每一位管理者都已经或者正在经历无数大大小小的会，但还是想向大家强调：会要开得明明白白，话要说得清清楚楚。

也就是说，可开可不开的会就不要开，假如开会，就一定要让所有与会者都清楚你的目的与会议议题。在开会过程中，你的表达一定要简洁清晰，与会者的发言也要围绕主题展开，尽可能在最短的时间内达成共识，或者得出有建设性的意见，让会议发挥效用。

所以，当你作为会议上的发言者时，为了不让自己显得没有重点、语无伦次，我建议你开会前，先列举一个计划性提纲。

首先要把你打算谈的有用信息都写下来，不必担心顺序和逻辑。

然后再读一遍这些信息，检查它们是否符合这次会议的主题，如果与主题无关就毫不犹豫地扔掉，如果有些单薄就再找相关信息完善丰富。

接下来，就可以梳理一下谈话的条理了，先把想要讲的重点排出优先次序，然后再把刚才列举的信息分门别类归在各个重点下面。大家不妨试试，要求自己在一分钟之内说出重点，这种训练可以帮我们有效地删除废话，把握重点。

整理好内容之后，我们要给自己的发言写一个开头和结尾。开头你应该言简意赅地告诉大家主旨，而结尾要进行总结。

我相信每一位管理者都已经非常习惯在会议上讲话了，所以不过多浪费笔墨。但是身为管理者，更多时候你要组织会议。而据我了解，很多管理者可以简明扼要地在会议上讲话，却不大懂得让与会者同样自如地发言。所以，这里有一些建议给大家。

在会议开始时提出明确期望。在会议一开始，你就要告诉大家，这次会议的主题是什么，你期望会议什么时候开始，希望大家给出哪些信息。而且，你的表达一定要明确，比如"我希望大家报告自己手头工作目前的具体进度""我希望大家就我们公司上个月销售份额下降这一问题谈谈自己的意见"等。

营造一个大家想说话的氛围。就像做运动之前要热身一样，会议一开始也要暖场。你可以讲一些合适的笑话，或者开个轻松的玩笑，哪怕是一句调侃的妙语，都可以让会场气氛更轻松。

而且，身为管理者的你，是会议自然而然的中心，但这不意味着你应该成为意见中心，想要让大家畅所欲言，就不要让他们感觉你独裁专制。所以，建议大家保持中立的立场。

让大家都积极参与发言。会议精神在于全员参与，所以很多管理者会采用让大家按顺序轮流方言的方式，但是最有效的参与，应该是积极主动地投入会议，认真聆听，参与讨论。问题在于，绝大多数组织里都有一些不愿意发言的成员，强迫他们发言，很难有建设性意见。

对于这一部分员工，我们应该善于诱导。比如，可以通过眼神交流鼓励他们发言，或者针对他一定知道的事情请他发言，提高他们参与会议的积极性。

管理者要做一个好的倾听者。员工在会议上陈述自己观点时，非常渴望得到众人，尤其是管理者的认同。所以，无论如何，都要向他们传达这样一种信息——"我在关注你"。而且，你要真的关注，不仅倾听他们说什么，还要留意他们怎么说。适当的时候，还可以重述他们的观点寻求确认，通过这种方式来鼓励对方。此外，如果听到不同意见，也不要急于反驳。

归纳出清晰的条理。一般来说，在公司的部门会议里，大家会你一言我一语，这种头脑风暴所提供的信息虽然丰富，却也非常纷乱庞杂。虽然可能会有秘书帮你归纳整理，但自己也要心中有数，尤其是在会议结束之前，你要确认这次会议是否达到了预期目的，都讨论了哪些事情，做出了哪些决定，还有哪些事情暂时没有解决等。

绝招 36：给你的言语加上精美包装

坦白直率固然是优点，但语言其实也是需要包装的，就比如你说"喂，让开"，就不如说"你好，请让一下好吗"效果好。

懂得讲话技巧的人，会给语言加上包装，能把一句原本并不十分中听的话，说得让人觉得舒服。跟员工说话也一样，既然能让他们更舒服，为什么非要让他们烦你呢？

譬如有一位领导，对事事请示的部属不大满意，但是他并不直截了当地命令大家分层负责，而改成在开会时说："我不是每样事情都像各位那么专精，所以今后签公文时，请大家不要问我该怎么做，而改成建议我怎么做！"

还有一位领导，当他要部属到他办公室时，从来不说："请你到我办公室来一趟！"而是："我在办公室等你。"

这两个人，都是巧妙地把自己的位置，由"主位"改成"宾位"，由真正的主动变成被动的样子，当然也就容易赢得下属的好感，这就是语言包装的艺术。

我的朋友杜林，就是一个很会说话的人，也深受下属爱戴。他每一次布置工作，都会把职员叫到办公室，像随意聊天一样询问下属之前的工作进度，然后再不经意地说一句："你看，这个工作你做得很好，另外有一件事也需要你帮助大家去完成。"然后在下属美滋滋的得意中把工作交给他。

他非常懂得鼓励下属的技巧，总会让他们觉得自己很重要，似乎没有自己工作就几乎没法完成。于是，员工们个个都精神抖擞，充满信心。大家都很信赖和尊敬他，和他的关系都很好，有了工作大家也乐意去全力以赴。

有一次，下属黎黎因为疏忽，在策划案中没有考虑公司的一项重要利益，甚至差点让公司蒙受巨大损失。杜林把黎黎叫进办公室，提到这次失误，只是简单地说："黎黎，你一直是我得力的助手，我知道对于这次失误，你一定很内疚，很懊悔，也知道自己要改进的地方在哪里。所以，我们什么都不说了，下不为例，好吗？"说完就和黎黎谈起了其他话题。这次谈话，让黎黎对他充满了感激，以后工作起来更加认真、勤奋了。

我这位朋友根据自己的经历，总结出了一些经验，他认为要做一个高明、有人缘、口才好的领导，需要从下面两个方面入手。

保持平等的姿态是根本原则。身为领导，你要拥有跟下属随心所欲说话的能力。但是，假如你想让他们工作更积极，就不要用自鸣得意、命令、训斥、使役下属的口吻说话，而是要放下架子，以平易近人的方式对待下属。

比如，大家表示否定的时候，最好不要同时摆出威严："你们这是怎么搞的？有你们这样做事的吗？"这会让下属产生反感。毕竟，大家是工作关系，他不是你家的仆人。

在此基础上，主要有下面三点建议给大家。

分配任务时，把"你们"改成"我们"。一位领导对他的下属说："你们必须马上进入状态，处理这个问题。"大家很不情愿地分头行动去了。而另一位领导表达同样的意思却这样说："我需要大家尽快进入状态，我一个人没有办法处理好。但是只要我们齐心协力，就一定能扭转局面。大家说呢？"大家感到领导和自己是一起的，于是鼓足了干劲。

只要有一点小小的改变，这个信息的意义和影响就大不相同了。"我们"这个字眼，包括了领导与所有面对这个问题的人，而"我一个人没办法处理好"这样袒露心声的说法，使领导更加人性化，让下属产生共鸣，充满理解。

把"我不同意"换成"你再考虑考虑怎么办会更好"。你直接说"这样不好"，不如说"如果……是不是更好？"为对方提供一些假设、一些建议，比生硬地提意见更容易让人接受。

直白地表示不同意会让人心里很难接受，如果不明确表态，而只是提醒对方是不是有更好的办法，对方也会心领神会，觉得还有提升的空间，所以不会伤及自尊。

把模糊的计划，具体到每个人的利益上。"我已经拟定了一个计划，这个计划能帮助我们达到更好的业绩"不如说"我发现了一个对我们大家都有利的机会，在建立高绩效组织的工作中，我们可以更好地相互协作，同时每个人的能力也都会得到展示，大家的业绩和收入也会相应得到提升。"

每个员工都需要一个让自己每天感到振奋的工作目标，如果领导给出了这样一个目标，让下属明白自己将有什么样的表现和收益，大家就会齐心协力去努力。

绝招 37：把大道理变成好听的故事

这个道理再简单不过了，我在这里滔滔不绝给大家讲大道理，你们知道这些东西有价值，可是估计也不大听得进去，因为太枯燥了，很难集中注意力。但是讲故事，那就不一样了，大部分人都会听得津津有味。

大家别觉得故事比不上大道理，事实上，很多实用的、根本的道理，就是通过讲故事的方式深入到我们内心，成为我们行动指南的。比如，一个狼来了的故事，让我们知道了不能说谎；一个农夫和蛇的故事，让我们知道了要擦亮眼睛分清善恶。这些故事都很短也很简单，但是给我们的启示和印象，远远超过大道理。

管理下属的时候，也是这样。跟空洞的理论知识、枯燥的说教相比，讲故事能把一串平凡的文字，一个普通的事例变得扣人心弦，让人产生愿意听下去的欲望，也就接受得更好。

"一旦有了一套故事，你会发现公司不再需要繁多如麻的规定了。说故事能改变你的管理作风，使你成为另一种领导人。管理的潮流来来去去，但是说故事始终存在。"我的一位在跨国公司担任中国区总裁的朋友史密斯，曾经这样说过。

他知道人天生就喜欢听故事，所以喜欢在公司里讲故事，将公司的目标、中心价值、远景和成就等，都用故事表达出来，效果跟他想象得一样好。

比如，他在公司讲过这样一个故事，名叫"加糖的冰茶"。

在一个七月的大热天，我结束了一场销售会议，要赶往下一个地点时，决定先喝杯饮料休息一下。我把车子开到一家餐厅停下来，点了一杯冰茶。

"你能不能给我一点比较好溶化的糖？""糖就在桌上。"女服务生说。

"我知道，但是那种糖在冰茶里溶解得很慢。"我说。

"抱歉了，我们只有那种。"

当女服务生送饮料过来的时候，她在我的冰茶旁放了一个小金属杯："抱歉，我们没有您要的糖。"她说，"但是，我在糖上浇了一些热水帮助它溶化，希望这样可以帮到您。"

哇，这才叫服务！

后来离开这家店之前，我找到这名女服务生，为了那一杯 0.6 美元的冰茶，我给了她2美元小费，还谢谢她提供给我长久以来最好的一次服务。

讲完故事以后，史密斯向员工阐述了故事的寓意："天底下没有东西可以特别称为商品。因为任何东西，即使只是一杯冰茶，都可以因服务特别好而变得与众不同：好服务会带来好生意；好服务随时随地可见；好服务应受奖励。"

你瞧，这样讲一个故事，是不是比耳提面命给大家讲"服务意识多重要"要好很多？所以，在管理下属的时候，讲故事是一种非常简单的、超有凝聚力的工具。

所以，国外很多大型企业，可口可乐公司、壳牌石油公司等，都在努力提高管理人员讲故事的能力和技巧。

比如，耐克公司多年前就设立了正式的"讲故事"计划：每个新员工要听一小时的公司故事。如今，听故事仍然是新员工受训的头等大事，耐克的教育总管也因此被称为"首席故事官"。他们讲的每一个故事，都是有用意的。举个例子，他们会讲到，鲍尔曼下定决心为自己的团队设计更好的跑步鞋以后，跑到工厂，将橡胶拿回家涂到华夫铁板上。这个故事，不只为了告诉大家著名的沃夫鞋底是如何诞生的，根本目的是在弘扬创新精神。

我们给下属讲故事，不是为了逗他们开心，而是有自己用意的，是为管理服务的。一般来说，我们会需要用到下面三种故事类型，所以建议大家日常生活中，不妨多留心这些类型的故事，多收集、积累，以便随时运用。

首先是"我是谁"。也就是讲述自己的亲身经历，讲述自己的成功与失败、欢乐与泪水，以此赢得共鸣，打动人心，调动下属的积极性。

第二类故事是"我们是谁"。也就是讲述自己的团队目前面临的形势与前景，用来激发团队协作精神，激励所有团队成员勇于面对变革，迎接挑战。

第三类故事是"我们向何处去"。也就是描绘团队未来的愿景、方向与目标，用目标的牵引力凝聚团队力量和智慧，激发团队成员迈向理想的激情与潜力。

当然，跟我的朋友史密斯一样，你可以根据自己的需要，随时用故事来替代说教。你也可以发掘发生在下属身上的故事，找到他们的闪光点，然后用讲故事的形式进行宣讲。当员工听到自己成为故事主人公被广为传播的时候，精神能够得到极大满足。这种自我满足，是多少奖金也换不来的。同时，这也会激发其他员工的斗志，让团队形成一种非常积极的氛围。

绝招 38：表达你的赏识，有效鼓舞士气

面对下属，许多管理者都会怒其不争，他们非常关注下属的错误和缺点，对他们的优点，却很容易视而不见。显然，这是符合人性的，我

们总喜欢挑剔别人。但是，这也是不符合人性的，因为人人都有虚荣心，所以都爱听好话。

孔子有句话叫"己所不欲勿施于人"，这句话我们也可以做出这样的解读，"你自己想要的东西，也要想办法给别人"。所以，如果你希望得到赞美、表扬，那就推己及人，把它们也送给你的下属吧。

我在日常工作中，总会不失时机地把赞扬送给每一位工作人员。对于男性员工，我有一个习惯性的动作，会拍拍他们的肩膀，他们明白这代表着赞扬。我也有几句口头禅，比如，"你做得很棒""哦，太好了""是吗？真好"，等等。事实证明，这些赞扬，真的可以给大家带来荣誉感，让他们心情更愉悦，拥有更高的积极性。

只是，用言语激励员工，也是需要技巧的。比如，赞扬一定要发自内心、要因人而异、要实实在在之类，这些技巧之前我已经讲过了，相信大家都还记得。

在这里，我们要说一个关键问题：你在表扬员工时，是当众还是私下称赞？因为假如在这一点上做得不妥，你的赞扬很有可能适得其反。

有句俗话叫"批评用电话，表扬用喇叭"，所以很多管理书籍会教我们，赞扬要当众，因为这样可以满足被表扬员工的虚荣心，可以让他们拥有强烈的进取心和自我认同感。

的确，这样说没错。可是，如果天平的两端分别是一个员工与除他以外的所有员工，你会如何选择？你会为了一个人的积极性而损害一群人的积极性吗？孰轻孰重，相信大家自有判断。我之所以这样说，也是基于对人性的认识。

有一次，我列席参加某公司的高层会议时，领导表扬了其中一位管理者，称赞他上个季度的表现非常出色，建议大家向他看齐。无疑，那位被表扬者春风得意，但我默默观察的结果是：虽然其他人脸上都是若无其事的表情，甚至有人还脸上带着微笑连连点头称是，但他们只是嘴角上扬，眉毛和眼睛却没有动作，这表明这种微笑并非发自内心。反而，他们的嘴唇周围有些怪怪的皱起，我猜，那是酸酸的味道。

相信很多人都有过类似的经历吧？当我们的某位同事被大肆表扬时，你会觉得那是对你某种变相的批判：瞧，别人做得那么好，怎么你就那么差呢？这种心态马上会让我们对被表扬者产生敌意，而且开始讨厌那个提出表扬的人。

所以，当众表扬存在一种这样的危险：当我们满足了一个人的虚荣心时，可能同时激发了其他人的嫉妒心。

作为一名管理者，倘若你的当众表扬不够妥当，不仅会引发一群人的敌意，连那位被你表扬的人也不会感激你。因为很多人往往不习惯接受当众的表扬，树大招风，他们担心招致妒忌，让以后的日子不好过。所以，这样的表扬绝对是得不偿失。

不过，这并不意味着我们就不可以当众表扬，一般来说，在以下两种情形下大家可以考虑。

一个是对平时表现不佳的员工，适合当众表扬。对于这些员工来说，他们对表扬更敏感，所以更容易激发他们的进取心。同时，由于这些员工平时表现不大出色，所以不容易伤及其他员工脆弱的自尊心，也就不容易招致嫉妒感。当他们渐渐赶上，甚至超过平均水平，对他们的表扬就要转为私下进行了。

另一种情况是，可以当众表扬一个小团体，不针对个人。当赞扬的对象是针对某个团队而不是具体某个人时，可以有效避免其他员工产生对比心理，也就可以让当众表扬高效而不危险。比如，某个项目组表现出色，某个小组业绩显著，我们都可以毫不吝啬自己的溢美之词，要及时、当众进行赞扬。

总而言之，每一个人的身上，都存在着想要功成名就、想得到肯定与实现理想的渴望，如何将渴望变成行动有赖激励。员工有很多种，激励员工的方式也有很多种，不管形式如何，激励所要传达的同一个信息就是"你正被关注！"而且，让所有员工的感情都被照顾到："你们都在被关注！"相信没有一个员工会在如此强烈的信息下而松懈不前。

绝招 39：让批评既到位，又不伤人

为了下属的工作热情，我们需要奖、需要表扬，同时也需要罚、需要批评。因为不管怎样，领导都要建立起威严，才能让下属谨慎做事。平时可以用温和、商讨的方式引导下属自动自发地做事。但是当下属犯错误的时候，还是要立刻给予严厉的纠正，不能纵容，否则工作秩序就无法维持，也培养不出好人才。

然而，和表扬相比，批评更需要技巧。我们来看一个问题：在每周一次的例会上，你都要听取各个项目组的工作汇报。其中一个项目组里有一位叫王鹏的员工，因为他工作效率低下，严重影响了整个项目组的工作进度。已经连着三周都是这样了。那么，在第四周的例会上，你依然对此一言不发吗？还是你打算私下和王鹏谈话？

要知道，在这种情形下，整个部门的所有员工都已经觉得王鹏有问题，不该一再影响团队整体表现。而你如果依然倾向于选择私下批评，这会让除了王鹏之外的所有员工都感到失望。而且他们会觉得，反正做得好不好都没关系，反正偷懒也不会有太大损失。你一定知道，这会严重影响整个团队的士气，而王鹏本人，也不会因为对你感恩戴德而发奋努力。更何况，当团队整体士气下降时，王鹏本人再努力又有什么用呢？

所以，这时候，你是必须当众批评王鹏的。因为，我们的管理能力是要直接向效率负责的，而不可以只关注个人感受，不管是你个人的感受，还是员工个人的感受。为了管理出一个有高度自我管理能力的团队，我们需要让他们了解关于团队的各种信息，也要让他们清楚出现的问题以及解决方案。所以，有些问题需要当众处理、有些人需要当众批评。

但是，批评只是为了解决问题，而不是为了让某个人难堪。所以，除非是上述情况，否则我们要尽可能照顾被批评者的情绪，选择委婉的言辞，以免伤害到下属的感情。

　　我曾经有一次正好遇上一位领导在批评下属。这位领导人其实很好，给员工的待遇也不错，但就是脾气不大好，发起火来不管不顾。这次，被他训斥的是一位年轻小伙子。只见骂人的那位脸涨得通红，声音高亢激动，言辞尖锐犀利，而被骂的那位阴沉着脸一言不发，公司其他员工一个个小心翼翼，偷眼旁观。是我的到来打破了现场凝重的气氛，听这位余怒未消的领导抱怨完之后，我跟他说："现在我明白为什么你给的待遇那么好，很多年轻员工却辞职不干了。"

　　"因为我的脾气吗？"他其实自己也很清楚问题出在哪里。

　　"我知道脾气很难控制，但你至少把他们叫到你办公室再开骂吧？现在的年轻人一个个自尊心都很强，你总得考虑一下他们的感受吧？"

　　对于这种脾气火爆、喜欢骂人的领导来说，批评下属时，最好私下进行。而且，和惩罚一样，批评只是手段，目的才是最重要的。在确保可以达到效果的前提下，我们要尽量选择不过分尖锐的言辞。

　　因为，过于伤人甚至对人进行人身攻击和羞辱的言辞，非但不能让员工成长，相反只会带来负成长。所以，把批评的尺度拿捏好，批评到位，才能让它成为有效的管理手段。具体来说，关于批评的内容，我建议大家注意下面几个问题。

　　第一，批评要具体到某件事。批评的目的不是责备你的下属有多么

不好，而是为了解决问题、避免再犯，所以批评一定要具体，让对方明白他是因为什么被批评。而且，批评的同时也要给下属发表意见的机会，大家一起分析问题的成因，找出妥善的解决办法，并且讨论以后如何避免再犯。

第二，不做人身攻击，别随意给员工"贴标签"。这里的标签，当然是负面的。领导一旦给员工贴上"爱占小便宜""太懒惰""不动脑筋"等标签，他们就会有破罐子破摔的心理，会认为反正自己已经被这样定性了，再努力去改也没意义，所以非常不利于员工成长。而且，批评是针对某件事的，你跟员工个人没有仇，所以不要做人身攻击。

第三，批评要有依据，要公正合理。在没有弄清楚事实之前，不要先张口就骂。而且，要给他们机会陈述事实，并且让他们谈谈自己的看法。也许，站在员工的角度，你会有不同的发现，注意到一些可能没注意到的问题。而且，当某个问题涉及多位下属时，不可以只批评其中一个，哪怕他是主要责任人。

第四，批评要针对员工性格进行，因人而异。这里的因人而异，主要是指批评方式。如果你明知道某个下属性格火暴，就一定避免拿激烈的言辞刺激对方；如果有的下属性格内向，自尊心非常强且工作表现一直出色，就可以轻描淡写、心平气和地谈论，甚至给予适当的安慰；对于特别爱面子、心服口不服、不肯承认错误的员工，就不必非要死抓着问题不放，而是留待以后观察他的行动，等等。

绝招 40：及时疏导情绪，给员工精神按摩

人有七情六欲，谁都可能出现点负面情绪，那都是非常正常的。但是，你也肯定知道，下属带着个人情绪，一定会影响到工作效率，甚至会对公司的业绩、形象有很大影响。

我相信坐在管理位置上的人，情商都不会太低，对于管理自己的情绪应该有丰富的经验和心得。但是面对员工的情绪时，你会怎么处理呢？

曾经也是普通员工的管理者应该会知道，工作中大家会遇到各种问题，受到各种责难，听到各种抱怨，面临各种挫折，甚至是刁难。所以，出现情绪是再正常不过的事情，你不能苛求他们无悲无喜。但谁都知道，带着情绪会影响工作，所以管理员工的情绪，也成为我们的工作内容之一。

尤其是因为公司的某些制度、人事变动给大家带来了情绪，比如裁员、停发福利等，这时候，可能会出现群体性的负面情绪，身为管理者，尤其要注意给大家疏导情绪，进行精神按摩。

"员工精神按摩"这个名词起源于 20 世纪 30 年代的美国，当时美国

一些企业注意到员工酗酒问题影响个人和企业绩效，而且人们已了解酒精依赖是一种心理疾病，不是精神或道德问题，于是有的企业聘请心理专家帮助员工解决这些问题，这样诞生了员工精神按摩。

给员工进行精神按摩，可以让他们的不满得到渠道发泄，自然感到心情舒畅，一身轻松，所以工作干劲十足。在美国，特别是那些世界 500 强企业，都会定期地对员工进行心理辅导，或者采取各种企业活动、集体旅游等让他们的紧张情绪得到疏解和发泄。

比如，强生公司为员工提供的精神按摩心理服务，已经细化到自身生活方式的咨询、戒烟指导及压力缓解的处理等，他们会关注员工的职业状态、婚姻和人际关系问题、抑郁及焦虑，还要帮助员工协调家庭和工作之间的平衡，甚至帮助员工处理丧失亲友的悲痛。因为他们相信，只有帮员工舒缓了压力，卸掉精神枷锁，他们才会更加充满热情地工作。

我们对待员工，由于种种条件限制，可能做不到那么系统、那么细致。但我们照样可以用自己的努力，换来员工的高效率。你需要付出的，只是一点点真诚的关心。

举个最简单的例子，不管是在日常工作中还是在进行口才咨询、口才培训时，我都会非常留意众人的心情。看到助手脸色不大好，我在从他身边走过时，会有意无意地拍拍他肩膀，说一声："多注意身体"或者"别太累了"。就这样简简单单的一句话，效果就特别好。

所以，我建议大家首先要对这个问题引起重视，试着观察、关心下属的情绪问题。我相信几乎没有下属会告诉你"我情绪不好"，但他们会通过别的方式告诉你，有时候是表情，有时候是言语。所以，每天一上班，我们都可以先迅速扫视一圈，观察下属的表情。

　　你的工作可能很忙，所以，如果看到每一位员工有情绪问题，都把他们找来谈话，这是不大现实的。因此，我建议你最好给下属一个反映意见的平台。在这个平台上，员工可以畅所欲言，作为管理者，不能只是允许员工去歌颂企业，而不允许员工提出一些批评和建议。

　　每个管理者在批评员工的时候，都希望对方不管对错都先接受；同样的，身为管理者，面对员工的抱怨或批评，更应该坦然接受。给他们发言权，那是对员工的一种尊重。

　　据我所知，有的公司就做得很好，设立意见收集中心，专门收集员工的抱怨和意见。千万不要一棒子把抱怨的员工打死，不给他们发言的机会。要知道"防人之口胜于防川"，不要让所有的不满集中起来一起爆发，到时候可能更难收拾。

　　下属产生情绪的原因可能是工作不顺心，也可能是家庭或个人问题。如果是工作问题，那到底是因为工作不受重视，还是因为工作难度大、任务多，还是因为与别人比较心里不平衡？是因为客户，还是因为同事或领导？下属在工作方面产生情绪的原因，正是我们在工作中需要改进的地方，所以，这也是收集意见的另一个重要价值所在。

　　收集完意见，怎么处理是你的事情。但是，其实对于下属来说，由于交谈与倾诉是宣泄负面情绪的重要渠道。所以，当他们表达完自己的不满与情绪以后，心情往往已经舒畅很多了。

　　正因为这样，很多企业都会设有领导接待日和领导信箱等，目的就是为了让员工畅所欲言。所以，大家也不妨试试看，给下属一个发泄情绪的渠道，也许你就能在最小消耗的前提下，获得最大的收益。

第九章

如何巧妙地
说动你的客户？

几乎所有的客户都会表现出犹豫不决，这非常正常，我们不应该埋怨客户优柔寡断、患得患失。而是应该站在客户的立场上考虑，找出他们犹豫不决、产生异议的真正原因。当你摸清客户购买产品时的心理，并且根据客户的购买心理采取相应的对策，把话说对，就能让客户感到满意，也就可以更顺利地说服他们。

延伸阅读 >>>

消除客户的疑虑，
单就成了！

绝招 41：寒暄好，开启成交之门

老实说，寒暄话基本都是废话，可是我们日常人际交往，还真离不开它。像"今天天气真好"这样的事儿，对方直接能看到，你说这句话，不是真的要告诉他有关天气的情况，而是表示谈话双方的关系一如既往，所以会让对方感觉良好。也就是说，说了它，没啥用。但是不说它，麻烦就大了。你想想看，自己的某位朋友，今天见面啥也没跟你说、没跟你打招呼，你是不是会担心他生你气了？

熟人之间，见面的时候寒暄一下，嘘寒问暖，表达一下关心，相当于暖场、热身，可以让气氛迅速热络起来。跟陌生人之间也一样，寒暄虽然没啥实质性作用，但绝对不是可有可无的。"寒暄"是一种分享感情，或者营造友好气氛的语言方式，是大家都非常接受的、可以用来传达关心和友爱的社交方式。所以，从这个意义上来说，它是至关重要的。

美国心理学家一份关于公众对销售员评价的调查报告显示，人们最讨厌的销售员的形象就是：一见面就喋喋不休地谈自己的产品与公司，千方百计想向客户证明自己的实力与价值。

所以，越来越多的销售员发现，客户能够忍耐销售员"说"的时间越来越短！他们要么下逐客令，要么就是以沉默或撒谎的方式来对付销售员。总之，在买卖过程中，客户对那些不停地"说"的销售员产生了免疫力，他们开始表现出前所未有的抗拒。

怎么办呢？虽然客户能给我们的时间并不多，我们需要在几分钟内有效地做到吸引对方，引出话题，建立信任，介绍要点。看起来时间非常宝贵，根本没有寒暄的时间，但其实不然，一段简单、有效的寒暄，非常必要，它可以让对方立刻对你充满好感。所以，我们要学会寒暄，寒暄得当，销售的第一道门就会应声而开。

比如：某多功能食品搅拌机公司的销售员去一个小区销售产品。敲开一个住户的门后，他鼓足勇气说："请问您需要一台食品搅拌机吗？"这位住户立刻冷冷地说："对不起，我不需要！"砰地就关上了门。

可是，如果销售人员一开始这样说："先生，请问您家里有多功能食品搅拌机吗？"主人听完可能就会想一想，然后回答："我们家是有一台食品搅拌机，但不是多功能的。"这个时候，销售人员就可以说："我带来了一台多功能食品搅拌机，您有没有兴趣看一下。"这样就不至于冷冷地吃闭门羹了，至少可以借题发挥，为你争取一个与客户商谈的机会，促使客户与你达成交易。

再比如，一名销售员去一家公司推销产品，他先恭维领导说："贵公司的员工真了不起，令我大吃一惊。"对方接下来可能会问："从何说起呢？"他回答："连我这样的人都受到如此热情的接待，可见一斑。"对方听到赞美他们公司的话一定会乐在心里，如此一来也为下面的推销话题创造了良好的氛围。

下面是三名电话录音设备销售员的表现。

第一个人进门的时候，一手拿着他的设备，另一只手提着手提箱，一进办公室就开始展示他的产品，讲述它能做什么，怎么做，然后就准备结束推销。

第二个人的方法几乎一模一样，他进行了全面的演示，并解释了保证书，通读了用户手册，他也是像这样结束推销。

第三个人进来后，什么也没拿，东扯西扯，大家闲聊了几分钟之后，他才对客户说："为了节省您的时间，我能问几个关于您业务的问题吗？"客户说当然可以。于是他问客户为什么需要一台电话录音设备。看上去他对客户的业务非常感兴趣，他问每天估计有多少个电话打进来，问是否想要一个设备，在自己不在办公室的时候把电话信息记录下来。并对客户的回答作了记录。

然后他接着说："我认为我这儿有你们想要的。"他回到车上，拿出一部电话录音设备。他告诉客户这台设备能做什么。

你当然可以猜出是谁最终赢得了这笔生意。

大家可以看到，刚与客户接触时，就直奔主题、直接询问对方是否要购买自己的产品是不明智的。许多业绩平平的销售员就是因为这样，所以一开口便被客户拒绝，甚至连再次拜访的机会都没有了。

因此，在正式推销开始之前，要有几句寒暄或问候语。尤其是初次见面，几句得体的寒暄会使气氛变得融洽，有利于顺利进入推销的交谈。

因为，当你开口说第一句话的时候，正是客户精力最集中、被你全部吸引住的时候。如果你的第一句话是问候语，那么，这是打开话题、博得客户好感的一种最简单、最直接的方法。所以，一定要注意这种问候的恰如其分，既不能冷淡，又不要过于热情或者过于亲昵。问候的话语，要因时、因地、因人不同，要求大家随机应变。

比如，看到抱着、带着小狗的客户，你就可以说："这只小狗真漂亮，它一定是条名犬吧？我还是第一次见到这么漂亮高贵的宠物。"

看到拎着韭菜的老人家，可以跟他寒暄："这韭菜真新鲜，春韭最香了，您老真会养生，难怪身体这么硬朗。"

看到正在伏案工作的客户，可以说："您这大办公桌真气派"，也可以说"今天阳光真好""今天这雾霾真是严重""今天这风可真大"。

关键在于，你要在与客户见面的短暂瞬间，通过准确的观察判断，来选择最恰当的问候方式。所以，你至少要学会用至少三种方式来迎接客户。

只要用心琢磨，你就可以想出几句很有吸引力的开场白，形成自己的风格，让客户很快就喜欢和你交谈，这样你再往下进行销售工作，就容易得多了。

绝招 42：找对痛点，勾起对方兴趣

销售其实非常简单，就是要你找出商品所能提供的价值，满足客户的需求。虽然你提供的是同一样商品，但是面对不同的客户，大家的需求点，或者说他们的痛点是不一样的。你必须能够找出他们关心的那些点，这样才能成功引起对方的兴趣。

比如，客户的目标是买太阳眼镜，有的是为了要耍酷；有的是怕阳光过强，怕眯着眼睛容易增加眼角的皱纹；有的也许是昨天跟男朋友吵了架哭肿了双眼，没有东西遮着红肿的眼睛，不方便出门。

每个人的特殊需求不一样，不管是造型多酷的太阳眼镜，如果是镜片的颜色比较透光的话，那么这副太阳眼镜提供的要酷的价值，是无法满足担心阳光过强以及希望遮住红肿眼睛的两位客户的特殊需求。所以，尽管你一再强调它很酷，避阳光如蛇蝎的女孩也不会买。

因此，想要成功说动你的客户，你必须让自己先弄清楚一个问题："如果我是这个客户，我会需要什么？"

然后接下来，在向客户推销产品时，你要让他们感觉到，你是在帮助他们解决问题，满足他们的需要，而不是在向他们强行推销自己的产品。可是，怎样才能找出客户最关心的事呢？什么是客户最关心的事呢？

利益永远是客户最关心的事，所以要提到所有对客户有用的利益，而并不是只陈述我们认为是最好的利益。而且，客户已知的利益也应该说出来。这样有两个好处，一是强化客户的印象；二是避免可能的怀疑。因为你不说出来，客户就可能认为你已经取消了这项优惠，就会不满，而大多数时候客户是把不满埋在心里不说出来的。

比如，以赚钱或省钱为话题，效果就非常好。几乎所有的人都对钱感兴趣，省钱和赚钱的方法，很容易引起客户的兴趣。我们一起来看一些例子。

"张经理，我是来告诉你贵公司节省一半电费的方法。"

"王厂长，我们的机器比你目前的机器速度快、耗电少、更精确，能降低你的生产成本。"

"陈厂长，你愿意每年在毛巾生产上节约 5 万元吗？"

一位理财产品销售专员对客户说："您知道世界上最懒的东西是什么吗？"客户感到迷惑，但也很好奇。这位推销员继续说，"就是您藏起来不用的钱。它们本来可以用来购买理财产品，让您拥有更多的钱。"

某地毯推销员对客户说："每天只花一毛六分就可以使您的卧室铺上

地毯。"客户对此感到惊奇，推销员说："您的卧室 12 平方米，我厂地毯价格每平方米为 24.8 元，总共需 297.6 元。我厂地毯可铺用 5 年，每年 365 天，这样平均每天的花费只有一毛六分。"

一个叉车销售员问客户："你想减少厂内搬运材料的时间吗？"主管生产的经理对此肯定兴趣极浓，所以他会兴致勃勃地继续倾听销售员的谈话。如果销售员一开始就问"你是否有兴趣买叉车？"那就不会引起客户的注意。

一个推销吸尘器的销售员，他总是能成功地用一句提问话来引起客户的注意，这个绝招就是："我能向您介绍一个减轻家务劳动的方法吗？"

在陈述这些利益时，你要用客户听得懂的语言说。必须肯定客户能听明白我们的语言，不要用你自己明白的行话、术语。还要有建设性、有把握。因为，你要相信自己所说的，别人才能相信，所以对说出来的利益要有把握。

比如应该这样说："根据我们的测试，这种冰箱比普通型冰箱能省 50% 的电。"而不是说："这种冰箱可能（大概）比普通冰箱省 50% 的电。"不要用"可能""大概""应该"等含糊、不确定、没把握的语言。

当然，针对具体客户最关心的事，我们可以通过观察与询问得知。比如："看来您对热水器感兴趣，你喜欢哪种式样呢？""我不喜欢 ×× 型的，我怕它不安全。""噢，我明白您的意思了，让我给您推荐一种安全系数高的看看。"

这位客户提出反对意见的真实动机在于安全因素的考虑。这可能是由于你在做商品介绍时，对热水器的安全可靠性解释不够。一旦你意识到这个问题之后，生意马上就可以成交。

又比如客户可能会说："我不喜欢蓝色的球拍。"他的意思只是说，他不喜欢这种颜色，而并非不喜欢球拍。此时，你可以再换出一副红色或黄色的让他看看。因为他不满意的只是颜色。

你还可以通过向客户提问题的方法引导客户，让客户自己排除自己的疑虑，自己找出答案。所问问题大致包括"为什么、是什么、怎么样、在何处、何人、何时"等六个方面，这样，通过攻守易位，会收到良好效果。

比如，"我想我妻子可能不太喜欢这双丝袜。""为什么她不喜欢？""这双丝袜太长。"

通过问"为什么"，引导客户逐步说出自己的真实想法，然后再想办法说服他，就可以达成交易。

总而言之，一件商品再好，如果没有引起别人的注意，那也是徒劳。成熟的销售人员应该学会想办法，在最短的时间内，让自己的产品产生吸引力。所以，多想一下客户的需要，刺激客户的痛点，可以帮你在最短的时间内打动客户。

绝招 43：多给些选择，满足客户求全心理

买东西的时候，你一定希望自己买到的货物各方面都称心如意，这是一种求全心理，大家应该都很好理解。但现实却是，我们在购买产品时，会因为受到各种条件的局限，无法购买到完全称心如意的产品。比如，质量满意的产品价格太高，颜色漂亮的衣服款式陈旧，价格适中的东西使用周期太短，等等。

当自己期望中的条件不可能全部实现的时候，客户就要在心里进行一番权衡，希望利用现有的条件使自己买到物有所值而又尽可能地满足自身需求的产品。对于客户的这种权衡心理，销售人员不仅要深刻理解，而且要根据他们的这种心理帮助他们做出决定。

既然客户需要针对产品的各种条件进行一番权衡，那他们在购买产品时，当然希望自己能够拥有一定的选择空间，如果没有一定的选择空间，即使你提供的产品符合他们的要求，他们也可能会到选择空间更大的商

家那里去。这种购物特点在女性客户身上表现得尤其明显。

而且，除非是有选择恐惧症的人，否则，谁也不愿意去一家只提供一种菜品的店里吃饭。在人们看来，物品种类越丰富，提供的选择性越多，意味着这家商铺或者企业的实力更强，客户人群越丰富，无形中也会增添一些好感。

一对夫妻走进一家房地产公司的售楼处，他们打算购买一套 80 平方米以上、南北朝向并且拥有大客厅的房子，当然，其他房间的格局也要符合他们的生活需要。

接待他们的是一位年轻的小伙子，他将这对夫妻带到了售楼处的沙盘旁边，开始向他们介绍小区周边及内部的大致情况。当他介绍到"小区会所设备齐全，周边拥有正规的中小学校和大医院……"时，"我想问一下，这个楼盘有几种户型，我可以看看户型图吗？"女客户打断了他的介绍。

小伙子让这对夫妻到茶几边坐一会儿，然后拿来了几张户型图，同时他告诉这对夫妻："小区的销售情况比较好，现在只剩下十几套房子没有卖出去了，而且这十几套都属于一种户型。"

听到这话，女客户疑惑地和丈夫对视了一眼，然后问小伙子："那是不是剩下的都是别人看不上的呀？"小伙子马上回答："哦，不是这样的，其实这十几套房子恰恰是格局比较好的户型，只是因为一开始公司是将这些房子给一位大客户预留的，后来这位大客户的资金周转出现问题，所以就留到最后卖了。"

女客户又问："那这十几套房子都分布在哪儿？"

　　销售代表回答："都分布在临街的这栋楼里，而且都是二层到四层，大多数客户都优先选择这几层，不是吗？""可是这几层的价格也比较贵，对吗？"女客户又提出了异议，接着她又对丈夫说："我想我们还是到其他地方再看看吧，这里根本就没有其他选择，也许我们会遇到更好的房子。"说着，这对夫妻就离开了售楼处。

　　几天以后，当那位年轻的销售人员打电话询问这对夫妻是否还有意向购买其公司的房子时，那对夫妻告诉他："我们已经买了另一处房子，就在离你们不远的某某小区。"后来，那位销售代表得知，这对夫妻购买的房子与自己销售的房子各种条件都相差不多，只不过另外一家房地产公司的房子种类更丰富，他们在决定购买之前经过了一番精心挑选。

　　为什么会这样呢？答案我们刚才已经说过：客户期望拥有更大的选择空间，以使自己能够更有弹性地选择购买哪种产品，这种心理是折中求全心理的重要体现。

　　了解到客户的这种心理，我们在向客户推销产品时，不妨给他们留下选择的余地，让他们能够在更大的空间内进行选择。比如，多准备几种不同型号、不同工艺、不同质量的产品，当然了，产品的价格也要分不同层次。

　　这样一来，既可以满足不同客户的不同需求，又可以让每位客户都能在一定范围之内进行充分选择，从而满足客户的折中求全心理。

绝招 44：打心理战，让对方接受你的价格

毫无疑问，价格问题涉及买卖双方的利益。因而，在洽谈过程中，客户肯定要对你报出的价格提出异议，进行讨价还价。

当客户说"价格太高，有点离谱了"或"这东西太昂贵了"时，就是他们试图进行讨价还价的信号。无疑，你不能坚决不让步，但你肯定也不能随便降低价格。讨价还价是一门大学问，这时候我们需要做的是采取一些巧妙的办法，运用心理战术，获得讨价还价的胜利。下面有三个建议给大家。

不要一开始就谈价钱。无论产品的价格是多么公平合理，但只要客户购买这种产品，就要付出一定的经济代价。基于此，在洽谈中，你不应过早地提出价格问题，起码也要等客户对产品的价值有所认识之后，你才能与之讨论价格问题。否则，就有可能打消他的购买欲望。相反，当客户对某种产品的欲望已很强烈时，他对价格的考虑也就越少。

推销大师吉拉德就是这么做的。当客户询问价格时，他就像什么也没有发生过，继续做自己的产品介绍。要是客户再次询价，他就说："请等一下，我马上就会谈到价格问题。"然后继续介绍，直到他认为时机成熟才会报价。

客户第三次询价时，他会说："我很快就会谈到价格，但是我想让您了解多一些，这样您就可以发现这是一笔多么合算的交易。"然后他用一种友好的口气说："别担心，先听我解释，行吗？"

当他最终准备报价时，还会先制造一种悬念，"好了，我知道您现在已经开始喜欢这些产品的优良品质了。我相信，等您发现这笔交易真是物有所值的时候，您一定会激动不已。"稍作停顿之后，他接着说："好吧，您等了这么久，我现在告诉您价格是……"

不要让客户的注意力始终在价格上。讨价还价的结果往往会使洽谈陷入僵局。这种对峙而又毫无进展的局面，显然是双方都不愿看的，因此，这时候应该尽力把客户的注意力吸引到别处，设法避免出现僵局。

这时候，你应该强调产品的性能、特点、实用性、先进性，使客户最终认识到你的产品实用价值很高，购买该产品后能得到诸多实惠，相比之下，价格就显得其次了。

你必须摆脱任何形式的价格因素的影响，更不应对价格过分敏感。有时，你抱怨客户过分计较价格的细节，殊不知，问题恰恰出在自己身上，是自己受价格影响太深，把客户引入讨价还价的旋涡。

所以，你在讨价还价时，必须保持清醒的头脑，学会引导客户正确地看待价格问题，更多地强调产品能给客户带来的好处和各种实惠。

想办法证明价格是合理的。无论出于什么原因，绝大部分客户都会对价格产生异议，即便认为产品不贵，也会要求你便宜一些。这时，你必须证明产品的定价是合理的。

证明的办法就是多讲产品在设计、质量、功能等方面的优点。通常，产品的价格与这些优点有相当紧密的关系，正是所谓的"一分钱一分货"。你应该透彻地分析、讲解产品的各种优点，指明客户购买产品后的利益所得远远大于支付货款的代价。

例如，客户："哇！你的剃须刀也太宰人了吧，要 90 块钱！有的只卖 20 块。""先生，一分价钱一分货，我们这是世界名牌，它使用起来格外舒服，不信您试试。"只要客户一试，的确好使，自然会打消他对价格的疑虑。

大家一定要记得，不要以为价格低了客户一定会买。大幅度降价，往往容易使客户对产品产生怀疑，认为它是有缺陷的，或者是滞销品。有些时候，产品的价格要稍微高一些，才能让人对它的品质产生信赖感。总之，只要你能说明定价的理由，客户就会相信价格是合理的，购买是值得的。

在设法证明你的价格不高时，我也有两个建议给大家。

第一个是比较法。为了消除价格障碍，在洽谈中你可以多采用比较法，它往往能收到良好的效果。具体做法，通常是拿所销售的商品与另外一种商品相比，以说明价格的合理性。比如把商品的价格与日常支付的费用进行比较等。

一位家庭用具业务员是这样解释商品价格的：这件商品的价格是 2000 元，但它的使用期是 10 年，这就是说，你每年只花 200 元，每月只花 16 元左右，每天还不到 6 毛钱。考虑到它为你节约的工作时间，6

毛钱算什么呢？

第二个是冷热水法。也就是说，先用苛刻的价格条件，让对方产生疑虑、压抑、无望、不满等心态，以大幅度降低其期望值，然后，在实际价格谈判中，逐步给予优惠或让步，让客户满意地签订合同。生活中人们常用的"漫天要价，就地还钱""减价要狠"等，都属于此类手法。

这两个技巧的目的，都是在打心理战，让对方直接感觉到，你要的这个价格不算贵。在具体讨价还价过程中，你可以选择适合你自己的技巧捍卫价格。千万不要一遇到压力，就试图压低价格，更不要轻易在价格上让步。因为，轻易降价，会让对方以为可以议价的空间很大，会提出更多要求，反而更难成交。

绝招 45：四两拨千斤，消除客户的异议

做销售工作，跟客户打交道，遇到最多的应该是拒绝；排在第二的，应该就是挑剔了。几乎每位销售员，在与客户进行推销洽谈时，都可能会遇到异议。

表面看起来，客户提出反对意见会给洽谈蒙上阴影，如果自己无法

解决客户的异议，势必会失败。但是，你应该知道，客户提出反对意见并非是一件坏事。相反，有些推销专家认为，推销是被拒绝之后才开始的。

道理非常简单。你要明白，没有人去抨击一个白痴，没有人会挑剔一堆垃圾。很多时候，客户提出异议是由于他们对产品产生了兴趣。如果客户对你的产品丝毫不感兴趣，那么他很可能根本不会浪费时间来提出异议。你总不希望遇到这样一个客户吧：你说什么他都同意，他也认为你的产品完美无缺，但他就是不买。如果一位客户只是聆听，一言不发，你根本不知道他在想些什么。那么，你想对他做推销就会困难得多。

推销的过程就是要发现客户的需求，然后让客户认识到，你推销的产品可以满足他的需求。但客户的需求并不会明明白白地告诉你，你必须想办法从他的言语中总结出来。这就需要客户讲出自己的想法，提出自己的疑问。所以，要使推销成功，你必须得到客户的回应，哪怕是异议。否则，你将无所适从。

社会心理学家说，购物的时候，人们面对琳琅满目的商品，不想购买的时候看起来什么都是挺好的，一旦要购买的时候就要百般挑剔了。所谓"褒贬是买主，喝喊是闲人"正是说的这种购物心理。

人们提出异议是因为他们想知道这件产品为什么值得他购买，而这正是他们微妙地在向你传达对产品有兴趣。所以我们一定不能在这时候泄气，你需要做的是，对异议进行分析，并做出恰当的处理，拒绝客户的"拒绝"。

你一定要相信，客户告诉你不想买产品的原因时，正是给了你一个

说服他的机会。如果处理得当，成交就很有希望。不要一听到反对的意见就打退堂鼓，随机应变地处理这些意见，你就可以顺利扭转局面。不管怎样，都要把异议理解为一种积极的信号。

不要一听反对意见就很激动，那会让客户觉得你心虚，否则怎么会反应那么强烈。最好的办法是应该微笑着迎上去，认真应付。下面是一些处理异议的策略，也许会对你有帮助。

"是的……不过"法。首先承认客户的看法是有一定的道理的，这种认同，可以消除对方的戒心，然后你再讲出自己的看法。最好的处理办法是，你实际谈话中包含着"但是"的意思，但在词语选择上，尽量不要使用"但是"一类的词。只要你灵活掌握这种方法，就会让洽谈气氛良好。

比如客户说："这个金额太大了，不是我马上能支付的。"

你可以回答："是的，我想大多数的人都和您一样，是不容易立刻支付的，不过如果我们能配合您的收入状况，在您发年终奖金时，多支付一些，其余配合您每个月的收入，采用分期付款的方式，这样您支付起来就一点也不费力了。"

转化处理法。这种方法，是利用客户本身的反对意见来处理。客户的反对意见具有双重性，它是交易的障碍，同时又是一个交易机会。我们要利用其积极因素抵消消极因素。

比如，假如你销售的产品是办公自动化用品，当你敲开客户办公室的门时，他说："对不起，我很忙，没有时间和你谈话。"这时你不妨说："正因为你忙，你一定想过要设法节省时间吧，我们的产品一定会帮助你节省时间为你提供闲暇。"这样一来，客户就不好坚持他的异议了，可能会对你的产品留意并产生兴趣。

这种方法是直接利用客户的反对意见，转化反对意见。这就要求你具备良好的随机应变能力，能快速做出反应。而且你一定要注意讲究礼仪，不能伤害客户的感情。

以优补劣法。如果客户的反对意见，恰好点中了产品缺陷，你千万不可以回避或直接否定，最为明智的办法是先肯定有关缺点，将其淡化处理，再利用产品的优点来补偿，甚至抵消这些缺点。这样有利于让客户产生心理平衡，而且有利于让客户做出购买决策。

比如客户对你说："这东西质量不好。"而你所推销的产品质量确实不够好。此时你可以从容地告诉他："这种产品的质量的确不是最好，所以我公司削价处理，价格优惠了很多，而且公司可以确保这种产品的质量不会影响到您的使用效果。"这样的说法既能打消客户的疑虑，又能以价格优势激励客户购买。

委婉处理法。客户对你的产品提出了反对意见，而你却还没有考虑好如何回复时，不妨先用委婉的语气，把对方的反对意见重复一遍，或用自己的话复述一遍，这样可以削弱对方的气势，而且转换一种说法，有可能会使问题更容易回答。注意，你只能减弱而不能改变客户的看法，否则，客户会因为你歪曲他的意思而产生不满。

比如，客户抱怨"价格比去年高多了，怎么涨幅这么高！"你可以这样说："是啊，价格比起前一年确实高了一些，您也知道的，啥都在涨价。"然后等待客户的反应再进行下去。

合并意见法。这种方法，是将客户的几种意见汇总成一个意见，或者把客户的反对意见集中在一起，总之是要起到削弱反对意见对客户所产生的影响。注意，不要总是在一个意见上纠缠不清，因为人们的思维有连带性，往往会由一个意见派生出许多其他意见，要是再多出一些反对意见的话，你就麻烦了。所以要在回答了客户的反对意见后，马上把话题转移开。

忽视法。对于客户的那些不影响成交的意见，你最好不要反驳，最好选用忽视法。因为你要是坚决反驳他的任何意见的话，客户总会觉得你总在挑他的毛病，不尊重他。

比如，客户说："你们公司周围的环境很差，交通也很不方便呀！"如果事实并非如此，你也不要争辩，可以冷处理："先生，请您看看产品……"

总而言之，消除客户异议的办法很多，如何正确、适时运用就要看你自己的了。选择正确方法的前提，是要正确地分析客户反对意见的性质与来源，是客户自己的原因还是因为你的行为和推销方式造成的。然后，就要灵活巧妙地将客户的反对意见化解，这个过程你不仅要提供满意答复，而且还应该让对方感觉良好，这样才能让摇头的客户点头。

绝招 46：巧妙引导，控制谈话局面

我们所面临的客户，往往是被动、甚至有抵触情绪的，而且很多人都想避免独自、快速做出重大决定。对他们来说，做出购买决策是困难的，因为他们害怕决策失误的风险。于是，他们经常试图拖延，摆脱你对场面的控制，让你的努力白费。

但是，你又不可能通过强硬手段对客户发号施令。为了控制局面，你必须要采取一些让客户乐于接受的方法，在不知不觉中掌握交谈的主动权。这就要求你必须尽其所能地吸引客户的注意力，以便不被拒绝。

你必须记住，你来到这位客户面前的目的是说服他、打动他。你只是因为要卖东西，才帮助客户的。你必须让客户投入谈判中，要吸引他。如果客户的注意力不在你的话题上，那么你就很可能要面临失败的结果。

要想引起客户的注意，我建议大家可以从以下这几个方面着手。

利用商品的使用价值。你可以通过向客户说明商品的使用价值，让客户相信，使用这种商品能为自己带来很多利益，将客户的注意力吸引到商品上来。客户肯花时间听取你的介绍，恐怕很重要的因素是客户存在着某种尚待满足的需要。你所介绍的产品只有与客户利益密切相关时，才能受到重视和欢迎。

帮助客户解决问题，是引起客户注意的重要手段，如果客户在交谈的一开始，就已经了解到你可以帮助他解决问题，那他往往会采取比较合作的态度对你。

曾经有位销售员把一块透明塑料布样品递给一个汽车经销商，然后对他说："请你摸一摸这块塑料布。试试看能否把它撕烂。"他为什么要这样做？因为销售员知道这位潜在客户有五十多辆汽车存放在露天停车场，需要东西把汽车盖起来，以防风吹日晒。在推销时，他先让客户检查一下产品的质量，当客户发现塑料布不容易撕烂，当然会认为它是盖汽车的好材料。这位销售人员通过这种方式吸引客户的注意，坚定了客户购买商品的决心。

判断客户类型。客户的消费需求与购买行为，会因政治、经济、文化、风俗习惯、个性特征、家庭等多种因素的影响而互不相同。要想成功销售，我们就必须正确地判断客户的类型，有针对性地运用推销方法和技巧。

注意客户的情绪反应。**每一个人与人交往时，都会有一系列的情绪反应。这就要求你需要注意客户的情绪变化，而且要善于运用恰当的手段影响客户的情绪。当客户的注意力受到干扰时，比如手机响了、公文传递、秘书进出、孩子打扰等，你得想办法把他的注意力吸引回来。**

当客户受到干扰以后，最好是提一个检查性的问题，目的是提醒客户是否忘记了洽谈的衔接处。比如，当客户注意力受到干扰后，你可以直接问客户："哎，刚才我们谈到什么地方了？"这样可促使客户做出某种反应。如果你发现客户注意力不集中，适当地停顿一下，停顿要短促而突然，这往往会收到较好的效果。

利用产品的外观，加强客户对产品的感官刺激。商品的包装及外观是产品最好的广告，它能帮你有效地吸引客户。而客户对商品的注意与了解，主要从看、听、尝、嗅及触等感觉方面获得。因此，加强客户的感官刺激是引起客户注意的有效而重要的手段。

所以，给客户提供亲眼目睹和亲手摆弄的机会，充分发挥其视觉、听觉、嗅觉和触觉的功能，可以帮你引起客户的重视心理。火车上推销丝袜的工作人员，常常会拿着打火机去烧，这种做法的用意，就是证明袜子的质量，同时也可以引起客户的注意。

总而言之，大家要记得，你之所以要控制局面，是为了让客户做出有利于你的购买决策。但最终的结果是由顾客来决定的，所以控制局面的同时，你还需要用友好和热情，引导客户做出选择。

绝招 47：识别成交信号，帮他下决心

你一定喜欢那些爽快的客户，他们毫不犹豫地说："好，我要了。"但是大多数客户不会这样明显地把成交信号表现出来。更多的时候，需要你通过观察客户的言谈举止来发现。

达成销售协议的时机，很大程度上取决于客户的态度。在与你面谈的过程中，随着客户对商品的熟悉以及对你本人的认知变化，客户的态度也会随之发生相应的变化。

如果客户的态度变化趋向于积极的方面，往往就会发出一些购买信号。这些购买信号就预示着达成协议的时机已经到来。这些购买信号既包括客户积极的话语，也包括客户的一些身体语言，例如认同的微笑、眼神及点头。

有时，甚至交谈过程中的忽然沉默，也是一种特殊的购买信号。当你向客户介绍自己商品的特点，或当你克服了客户异议时，他沉默的态度也许正是一种赞同的形式。

一般情况下，客户的购买信号有以下几种。

语言信号。客户询问使用方法、售后服务、交货期、交货手续、支付方式、保养方法、使用注意事项、价格、新旧商品比较、竞争对手的商品及交货条件、市场评价等。比如，客户："我还从来没有用过这种产品，那些使用过的客户感觉用起来方便吗？"

动作信号。客户频频点头、端详样品、细看说明书、向业务员方向前倾、用手触及订单等。

表情信号。客户紧锁的双眉分开、上扬、深思的样子、神色活跃、态度更加友好、表情变得开朗、自然微笑、客户的眼神、脸部表情变得很认真等。

如果客户有非常明显的体态语言，你一定不要错过。例如，客户不再注意听你讲话，而是东张西望，那说明他已经对你失去了兴趣。客户要是哈欠不断，那就意味着你已让他感到厌烦。除非你能设法让他"回心转意"，否则，不用再谈下去了。

但是，客户的每一个眼神，每一个手势并不一定包含着确定的含义。

比如，沉默在有的人那里代表默许，但是在另一些人那里就代表着拒绝。你一定要根据当时的具体情况对这些信号做出慎重的判断。

相信大家在生活中也有所体会，一件事情在不同的人那里会有多么大的差异。所以，在阅读客户买与不买信号的时候，你应当保持克制和谨慎。不要做出错误的反应，这样很有可能导致正在进行的谈判中断。

有一次，一名业务员正在兴致勃勃地向客户介绍产品，而客户对产品也很有兴趣，但让业务员不解的是他时常会看一下手表。当业务员的话暂告一个段落时，客户突然打断他进行到一半的产品介绍："您的产品很好，它已经打动了我，请问我该在哪里签字？"

一般人会把客户频频看手表的行为理解为不耐烦，不想买他的产品。但情况并非如此。

一般来说，某些细节性的询问，往往是成交信号。当客户产生了一定的购买意向之后，如果你细心观察、认真揣摩，往往可以从他对一些具体信息的询问中发现成交信号。比如，他们向你询问一些比较细致的产品问题，向你打听交货时间，向你询问产品某些功能及使用方法，向你询问产品的附件与赠品，向你询问具体的产品维护和保养方法，或者向你询问其他老客户的反映，询问公司在客户服务方面的一些具体细则，等等。

在具体的交流或谈判实践当中，客户具体采用的询问方式各不相同，但其询问的实质几乎都可以表明其已经具有了一定的购买意向，这就要求你迅速对这些信号做出积极反应。

大部分人都只有三分钟热度，很难对一件事情保持长久的热情。这也就是为什么要求客户快速做出决定的原因。拖延下去的结果，往往是错过机会。时间拖得越长，你成交的机会就越小，因为客户必将变得兴味索然。

你一定要明白，当客户产生"心动"的感觉时，是销售过程里所谓的"黄金时机"，成交与否往往取决于你是否能抓住这个良机。在这些积极信号面前，你要引导客户的购买心理，让客户的心理防护层逐渐消失，最后终于达到自己的目的，签名盖章而完成交易。

但是，很少有客户非常有主见，真正有决定能力。他们的顾虑会导致犹豫，所以需要你的帮助，或者说是推动。你要帮助他们自己做出决定。

所以，当你看到客户已经发出潜在的成交信号之后，就可以补充这样一句话："请您认真考虑一下，给我一个答复吧！"请对方作出决定。

比如，一位房产业务员是这样说的："这幢房产的主人急于卖掉这套住宅，所以报价很低，说不定过两天他们会改变主意。我知道你们也很想买，所以我建议你们立刻做出决定。昨天我还带一对夫妇来看过，他们也表示很有兴趣。另外，如果您不能做出决定，下午还有一位客户可能要来看一下。"

总而言之，我们要努力让客户在购买欲望最高的时候成交，如果错过这个黄金时刻，你再想拿到订单就会非常困难了。所以，在时机成熟时，我们需要果断做出成交行动，速战速决，避免因犹豫不决而让客户流失。

第十章

如何让你喜欢的人也喜欢上你?

想要让自己喜欢的人也喜欢你,死缠烂打一心对她好,未必就管用。可能你对她无微不至地做了三年暖男,可是她却有个备胎对她好了足足五年。你相信这样就能精诚所至金石为开了吗?那可不一定。想要让对方喜欢你,那得让她动心。怎么才能让心动起来呢?不外乎看到的、听到的、感受到的。你既要让她看到你的心意,更得让她感受到你的情意。

延伸阅读 >>>

口才,比技巧更重要的
是信心!

绝招 48：大胆开口和陌生异性搭讪

如果在一个偶然的地点、偶然的时间，你遇到了一位心目中的女神或男神。她（他）让你怦然心动，你觉得，自己还从来没有遇到这样让自己心跳加速的异性。你觉得，如果今天错过了，以后就一直感到遗憾。那么这时候，你忍心看着这个"陌生人"从你生命中消失吗？你有勇气上去搭讪吗？

和国外相比，我们跟异性搭讪的难度要大一些，尤其是男性去跟女性搭讪时，遇到的阻力更大一些。很多男士害怕被当成流氓或遭受白眼，其实《诗经》早就说了："有女怀春，吉士诱之。"你首先要告诉自己，只是上去打个招呼，没什么损失，大不了就是吃个闭门羹，但是如果自己不去的话，连闭门羹都没有机会。梦想总是要有的，万一实现了呢？

所以，遇到心仪的陌生异性，先给自己一个积极的心理暗示，然后大胆走过去，向对方传递你的善意吧。不管怎样，你喜欢一个人，都是对他（她）最大的赞美，所以，不用有心理负担。

但是，具体该怎么搭讪，是大有学问的。如果你直接冲着姑娘走过去，开口就说："你真漂亮，我很喜欢你，可以认识你吗？"如果你那天运气特别好，可能会中头彩。但绝大多数情况下，你都会吓到对方的。所以，为了避免尴尬，你最好寻找一个合适的突破口。

而"哇，天气真好""唉，雾霾真重""这鬼天气，好大风啊"，这样谈论天气，是跟所有陌生人搭讪时都可以使用的，无疑这是你发出的一个信号，表示自己愿意跟对方接近。但是，这种搭讪可能遇到的问题是，对方只用一句鼻音"嗯"就可以回答。接下来的话题，你还是得想办法寻觅。所以，不反对大家这样开头，但也不是特别建议。

一般来说，我们可以从环境入手，非常自然大方地开口，使用让对方不得不开口回答的语句。比如，如果是在超市里，你可以问："你知道这个牌子的产品好用吗？"如果是在图书馆里，可以说："你借的这本书，我也很喜欢。"或者："这本书真不错，对吗？"如果是在咖啡馆里，可以说："你也喜欢拿铁吗？"

下面给大家一些具体场景下的搭讪建议，大家可以举一反三。

大街上，可以问："请问这附近有邮局（银行、手机营业厅等）吗？"然后还可以向她问路，如果可以甚至可以请她带你去。

在地铁站，可以说："请问你有零钱吗？可以帮我换一下吗？"

在百货公司，可以问："你觉得这件上衣怎么样？我想买件生日礼物送给妹妹，想听听你的意见。"或者，可以说："妹妹的身形和你相似，能不能麻烦帮我试穿一下？"还可以说："你买的这个洋娃娃真好看，多少钱？"

在路上："这本书是你掉的吗？"这恐怕是最老套的搭讪手法了，但它的好处是，双方都心知肚明，如果对方对你也有好感，就会顺水推舟。

"我正在写一本关于怎样交朋友的书，所以我想请教你几个问题好吗？"我自己曾经用过这一招，如果你长得不太猥琐，表情也足够诚恳，一般都不会碰钉子的。

这里给大家一个建议，请对方帮一些小忙，比如把旁边那本书递给你，或者把邻桌的酱油瓶递给你，或者向对方问路等，这些举手之劳的帮助，一般情况下对方都不会拒绝的。当你获得对方的帮助以后，再礼貌地感谢她。然后开始下面的谈话，就会显得不那么突兀。

最后还要提醒大家，搭讪一定要根据对方的实际情况去做。如果那是一个文静温柔的女孩，你上前和她说话一定要有礼貌，显得稳重、儒雅。如果是活泼开朗的女孩，你可以阳光一些，幽默一些。而且在开口的同时，随时注意对方的神色变化，调整你的言行举止。

绝招 49：巧妙试探对方的心意

在向喜欢的人开口表白之前，我们需要做一些准备工作。首先，你得弄清楚对方有没有另一半，除非你根本不在乎对方结没结婚，有没有孩子。其次，如果是跟陌生人表白，被拒绝了，大不了是碰个钉子，大家以后可能再也见不到。但如果是跟熟悉的同学、同事、朋友表白，被拒绝以后，可能会更让人尴尬。所以，试探一下对方的心意，是很有必要的。

我们想要试探对方有没有伴侣，以及她对这个伴侣是不是在意。最安全的办法是旁敲侧击，以免让对方觉得你是个爱打探别人隐私的讨厌鬼。

比如，你可以先随便找任何一件事赞扬，比方说他中午带的午餐，你可以说："好丰盛啊，女朋友真疼你。"如果他没有女朋友，或者不想让你误会，一定会说：“不是，我没有女朋友。”对女孩子也一样，可以指着她的某件饰品说：“这条项链真好看，很配你，看来你男朋友很有品位呀。”如果不是，她也一定会告诉你，是自己买的，他还没男朋友之类的。

还可以在某个周末或者假期，你可以假装随口一问，假期怎么过？陪男朋友吗？接下去就看对方怎么回答了，如果她没有人陪的话，也许你可以把她约出去。

你也可以在比较轻松的场合，比如年会、小聚会、朋友出去玩的时候，走到她身边，随意闲聊的时候，看似无意地说：“唉，我妈又催我相亲，好烦。你呢，有没有人催你？”这比直接问“你有没有男朋友”要好得多，通常也能得到你想要的信息。

你还可以假装给她介绍男朋友，比如说，我有个好朋友条件什么的还不错，要不要介绍给你。当然，这一招一定要慎用，不能让对方误会你对她无意。

一般来说，当对方告诉你自己还没有男女朋友的时候，也是对你有好感的一种表现，至少是一种潜在的态度，并不排斥你对他（她）有所行动。

但是，假如他（她）否定了礼物是另一半送的，却没有说“我没有男朋友”这句话，那么，她有男朋友或者准男朋友的概率是非常高的，只不过不想明明白白告诉你罢了。

如果你确定对方是单身，那么接下来这个试探，就很关键了。其实日常生活中的很多小细节，都可以看出对方的心意。比如，在对方可能有时间的时候，你的短信，对方是马上回还是很久才回？如果经常秒回，可能你在她心里就是比较重要的；如果大家一起出去玩，是不是一叫她就去？如果晚上十点以后打电话给她，她有没有生气，会不会很高兴地和你闲聊；或者，故意在对方不能接电话的时间打个电话，当然，那个时候对方是无法接电话的，但从她有没有回电话这点上，就可以看出对方是不是挂念着你。这些小细节，都能看出端倪。

下面再给大家一个简单的建议，去找对方聊一次天，基本上就可以判断出来对方的心意了。在这次聊天过程中，我们主要看三点。

首先，你们两个之间的距离。一般来说，我们不会凑近自己没什么好感的人，只会跟他保持社交距离或个人距离，而不会允许对方和自己是亲密距离，也就是厘米到零的距离，一般是亲人、很熟的朋友、情侣和夫妻才会出现这种情况。所以，看看你是不是无权进入亲密距离的吧，如果对方允许你离她比较近，说明至少是不反感你的。

其次，是你们聊天的内容，假如你们一直在谈天气，那就比较糟糕了。如果对方肯跟你谈自己，不管是童年趣事还是现在的经历，甚至跟你倾诉烦恼或者征询意见，说明她在向你敞开心扉。

最后，还要看对方有没有主动开口搭话。在一个话题结束，另一个话题还没开始的沉默时间里，如果对方试图或者开口说话了，那表示，她是想继续跟你聊天的，她不想冷场，她毕竟在意你们之间的关系。反之，她对你没什么意思。

绝招50：吸引爱神，离不开甜言蜜语

柏拉图曾经说过，"不但要用眼睛，也要用耳朵去选择爱人。"这句话说明了在爱情中，向爱人表达自己的柔情蜜意是多么的重要。对于还没有成为自己恋人的意中人，表达爱意就更重要了。基本上，所有人都不能免俗，都愿意听甜言蜜语，即使明明知道对方违心地恭维，也不愿意挑破。

但是，甜言蜜语不是只有"你真好看""我真喜欢你"这样的语句，你要让自己的表达与众不同，让对方印象非常深刻。这里给大家举几个例子，看看能不能让你有所启发。

有一次，一位以美丽著称的德国女公爵德文希尔出门，从马车上下来，附近刚好站着一个清道夫，他正在点烟斗。清道夫看见了女公爵，惊叹之余，大声喊道："您的眼睛可以点燃烟斗！"女公爵听到过无数赞美，但是这一个让她最喜欢，从此以后再有人恭维她，女公爵都觉得索然无味了。

　　丰特奈尔是法国一位有名的科学家和文学家，有一天，他在社交场合遇到了一位年轻貌美的女子。他对那位女子说了很多恭维话。片刻之后，他再次经过那位女子面前时，却连看都没看她一眼。于是那女子对丰特奈尔说："我该怎么看待你的殷勤呢？你连一眼也没看我。"丰特奈尔不慌不忙地回答："我若看你一眼，只怕就走不过去了。"

　　英国前首相丘吉尔的父亲曾经投身于选举，他的母亲到处去为丈夫拉选票。有一天，丘吉尔夫人向一个工人拉选票，那位工人却直截了当地拒绝说："不，我当然不会投票给一个到了晚餐时间才起来的懒惰家伙。"夫人听了以后非常着急，连忙向工人解释他听到的是错误的传言。那工人看了夫人一眼，很高兴地说："哇！夫人，您若是我的妻子，我根本就不要起床了。"

　　大家看了这些故事有何感想？他们夸奖女子漂亮的方法，是不是比你高了好几个段位？如果我们也能这样幽默、这样别出心裁地夸奖对方，这种甜言蜜语，谁能招架得住？

　　这个道理，想来很多男士都懂，只是在措辞上不够高明。需要提醒广大女士的是，很多女孩子认为，说甜言蜜语、说情话应该是男生的事，因为只有女人爱听情话。其实不是，男人对甜言蜜语的期盼和喜爱丝毫不亚于女性，铁汉也有柔情的一面嘛。所以，这甜言蜜语，不仅男人需要说，女人也需要说。

　　不过，男人和女人在意的点不大一样，所以，在向另一方说甜言蜜语的时候，侧重点也不同。一般来说，对于女人，你可以多夸她的外形、服饰、气质；对于男人，可以更多地肯定他的能力。

几乎所有女人都希望自己长得漂亮，如果对方长相尚可，那你可以不遗余力赞美她。但是也不能过分，有的男人对女人一开口就是："你是我见过最美丽的女人……"这种太假的称赞，有时候反而让人心生反感。你都不如称赞她的气质："我很欣赏像你这样文静优雅的女孩……""你的气质让人心旷神怡……"

而对于男人，你不是不能称赞他的相貌，但我们这个社会的评价体系，决定了男人更看重自己的能力。所以，在他帮你修好电脑或者手机的时候，不失时机地送上你的赞美，他们一定心里乐开了花。

绝招 51：巧妙表白，让她对你中意

一提起表白，很多人马上想到的场景就是一个男士手捧一束鲜花，然后单膝跪地，跟女孩子说："我爱你……"这可能是电影中经常出现的桥段，但现实生活中，假如你冒昧地这么做，十有八九会让对方拂袖而去。

用蜡烛摆桃心或者所谓的烟火盛宴，有的女孩子会比较感动，但有的女孩子会比较讨厌，你怎么就知道她是哪一款的呢？

其实，表白不一定是说："我爱你，你可以做我女朋友吗？"这样会给她很大压力，如果她也很喜欢你，那没问题。但她如果不能明确自己是不是愿意做你女朋友，通常都会选择先拒绝你。所以，这样直白的表达，更适合于你知道对方也对你有情、你们有一定感情基础的时候。

通常情况下，我会建议大家用更含蓄、更巧妙一些的方式表白。举个例子，当你心仪的那个男人为你做出体贴服务时，比如帮你拿饮料、帮你开门、帮你拉开椅子，你可以不失时机地称赞他："你真是绅士。"但如果你想表白，这句话就可以换成是："你知道吗？我很欣赏体贴的男人！"这样的表态，双方都会心知肚明，但又不至于太过露骨，接下来进退都合宜。万一妾有情郎无意，也不会让人太尴尬。

马克思在向他青梅竹马，从小一起长大的燕妮表达自己的爱情，提出求婚时说："我已爱上一个人并决定向她求婚……"

此刻，一直深爱着马克思的燕妮心里急了，她问："你能告诉我，你所选择的恋人是谁？"

"可以，"马克思一面回答一面将一个小方盒递给了燕妮，并接着说："在里边，等我离开你后，你打开它，便会知道。"

马克思走后，燕妮怀着忐忑不安的心情，小心翼翼地打开小盒子，里面只有一面镜子，镜中照出了自己美丽的容貌，燕妮顿时恍然大悟。

瞧，伟人就是伟人，连表达爱情的方式都与众不同。我也更建议大家用含而不露的表白方式，当然，如果对方是梁山伯那样的呆头鹅，还是直接表白比较好。

至于表白的语言，也可以变换出很多花样，不是一句"我爱你"而已。你可以问对方"我有没有荣幸陪伴你走过余生"，也可以是"我的小猫很皮，愿不愿意和我一起养它"，你更可以从书籍网络上借鉴，但一定要注意不要太过浮夸，以免显得不真诚。

这里我格外要提一下的是传情达意的媒介问题。有些情况下，你可以当面表白，但在你不确定对方心意的时候，可以选择聊天工具。不管是短信也好，微信也好，或者邮件也好，通过文字的方式探口风，而不是当面交流，它的好处是可以让你看到对方的心意以后，再确定下一步行动。即使被拒绝了，也没有当面被拒绝那么难堪。

这种方式的另一个好处是，"我爱你""好想你"这类说出来可能让人感觉有些肉麻的话语，或者当面很难鼓起勇气去说的话，通过文字的方式，可以让你更轻松地表达出来。

总而言之，爱一个人，就要说出来。闷在心里，就是亿万年也没有人知道。即便有可能被拒绝，那又怎样，如果凡事都一帆风顺，人生岂不是太无趣了一点？不要害怕被拒绝，任何时候你都有说"爱"的权利，只是为了拥有爱情，我们需要注意方式和技巧。开动你的大脑吧，找出适合自己的、巧妙的表白，你心仪的对象一定会被你的智慧和真情打动。

绝招 52：表白被拒，也能反败为胜

表白被拒绝，这恐怕是谁都不愿意遇到的事情。对方拒绝你的原因有很多，未必是她嘴上说的原因，但无论怎样，被拒了，你要明白一件事情，那不是你的错。而且，现在被拒绝，并不代表真的就跟她没有可能了。

所以，如果表白被拒，我们第一个要解决的问题是怎样避免以及解除尴尬。你表白被拒了，自己觉得很尴尬，其实对方可能比你更尴尬。我知道很多男士，居然在表白失败以后，再也不愿意见到自己喜欢的那个女人，即便见到了也躲着，或者干脆绝交。你要是真这样，那铁定没戏，而且会让女孩子觉得，你是那种小肚鸡肠的人，幸好没有答应你。

那么，如果表白被拒，该怎么办呢？先是要处理一下眼前的窘境，因为不管是拒绝还是被拒绝，双方心里都不会特别舒畅。所以，你要给自己，也要给对方找一个台阶下。

在一部墨西哥电视连续剧《卞卡》中，男主人公何塞·米盖尔是这样处理表白被拒的，当女孩说："我实在是不爱你！""我现在对你已经无法产生兴趣"时，何塞·米盖尔毫不气馁，反而从容不迫地说："这不是你的心里话！"当女孩说："我确实是这么想的，这的确是我的心里话"时，他答道："你不要再欺骗自己了！"当女孩反复强调"我……我……根本没有在欺骗自己"时，他也不慌不忙地说："你不要这样讲了，其实你的心中只有我！"

这个看起来死缠烂打、脸皮特厚的做法，其实不仅给自己台阶了，而且也给对方留有收回话语的余地。更重要的是，有的女人为了表示矜持，也害怕被人看轻，所以不肯一口答应。对于这种女孩，你第一次被回绝了，请继续努力。第二次不成，相信第三次、第四次一定会成功的。因为大多数女性在拒绝完别人以后，会对你感到愧疚，这时候你的第二次努力效果会比较明显。

如果你表白的时候，对方并没有直接拒绝你，而是说要考虑考虑的时候。你可以稍等一段时间，继续表白。但是，最好不要直接问对方考虑的如何了，而是直接表白。因为这样的情况，说明对方还是对你有感觉的，可能是出于羞涩或者某些顾虑，暂时回避你的表白，这时候如果你继续追求，更加真诚地表白，对方很有可能就会答应你了。

如果对方告诉你，自己有男朋友了，你一定会很沮丧，但依然可以不失风度地说一句："他真幸运。但如果有一天你不喜欢他了，记得告诉我，我追你。"这样的话，通常都不会有女士反感的，你也大度大方地化解了自己的尴尬。

如果被拒绝以后，你能够平静下来，也可以当场问清楚原因。如果对方说，是因为地域、年龄、时间等外在的一些原因，这说明以后还是有希望的，你可以继续努力。但假如对方说就是对你没感觉，那就比较麻烦了。说到底，对方愿不愿意跟你在一起，关键原因在于是不是真的喜欢你。当她对你的喜爱程度很深时，外在因素就没那么重要了。

总而言之，表白被拒没关系，不是你这个人不行，是对方没有爱上你而已。那时候，你最需要做的是不卑不亢，坦然面对，并且判断是应该继续努力还是放弃。如果对方明确表示，你不是她喜欢的类型，就慢慢放弃吧，毕竟，爱情不是能强求的。

绝招 53：怎样成功地把对方约出去

想要和你喜欢的人培养感情，必要的相处时间是一定要有的，不管是小团体的聚会还是独处，你至少要为感情的滋长提供空间。所以，怎样把对方约出去，也是一个大问题。

首先，表白可以含蓄，但约别人出去，可以直接一些。《老友记》里有一个场景，美女瑞秋买了两张纽约尼克斯队的门票，想约一个帅哥看球。但是为了不露痕迹，她排练了好多遍，非要达到那种碰巧的效果。结果，帅哥欣然接受，拿着门票说："太好了，我可以带我侄子去。"所以，要让对方知道你是在约他，免得白费心机。

虽说现在人的观念比以前开放了许多，但是，如果你约一个只有一面之缘的女孩子出去，还是会有很多人会拒绝的，她们会有很多顾忌，这个大家应该也能理解。

比如，假如你是一个女孩子，刚认识了一位男性，对方说："我送你回家，还是一起去喝杯咖啡呢？"这时候，你一定会选择前者。因为，即便你对这个男子有好感，不愿告别。但是，在传统观念里，单独与一位刚认识不久的男性出去喝咖啡，未免太不矜持了，对方可能会觉得自己是过于轻浮的女孩。所以，即便喜欢你，为了不让你看轻她，她也会毫不犹豫地回答说："现在我想回家。"

因此，假如你想邀请对方出去，请一定不要像上面那位男士一样给出选择，这不是你表现绅士风度的时候，虽然表面上看你很客气，但实际是把责任推给了女方。如果她说"好"，意味着责任自负，所以天生警觉心就比较强的女孩，通常都会拒绝你的。

所以，**绝对不要用商量的口气问她："愿不愿意"，而是应该开门见山地说："咱们一起去吧"。比如，假如你这样说："时间还早，我知道附近有家店不错，咱们去喝杯咖啡吧。"这种语句，通常来说是更难拒绝的，因为说"不"多多少少会给她造成心理负担，使她对你有一种歉疚感，你能把对方约出去的成功概率就大大提升了。**

如果对方拒绝，说自己没空或者挺累，那也没什么的，你可以礼貌地说一声："那下次吧"或者"玩得开心"，下次再约就是了。有些人可能会纠缠下去："今天没空啊，那明天有空吗？""这样啊，你什么时候有空？""你什么时候有空，周日晚上呢？"

这种追问是完全没必要的，只会让对方感到压力，从而对你产生反感。越是这样，她越会提高戒心，所以不要步步紧逼，而是应该有张有弛。向她传达这样的信息：不和她约会，没什么大不了的，你不会放心上。这样一来，她反倒对你更在意。

如果第一次见面的女孩，性格也比较文静，你判断现在马上把她约出去的可能性不大，那就要创造再次见面的机缘。一般来说，比较自然的方式是，聊到两个人共同的爱好时，你可以这样说："那太好了，我有不少朋友都是美院的，下次我们看画展时叫上你吧！"用这种很不经意的方式开口："请留个联系方式，下次一定找你！"或是简单大方地说："今天跟你聊天很开心，下回有空再一起交换心得吧！"

最后给大家一个建议，让你的声音充满自信，用很轻松、随意的姿态邀请对方，会更容易成功。相反，如果你用郑重其事的语气邀请对方，则更容易被拒绝。

第十一章

如何当众发言
效果最好？

和两个人之间的交谈不一样，当众发言往往是一对多的，而且中间缺乏直接的言语互动，所以对你的言语能力和整体素质有更高的要求。而且，在众人面前讲话，展现的不仅仅是个人口才，还有自己的个人魅力和风度。不管是做好充分准备的演讲，还是突如其来的即兴发言，要想真正成为一名口才大师，各方面都需要应付自如才行。

延伸阅读 >>>

做到这四点，
当众演讲不紧张！

绝招 54：开口前，做好充分准备

闲聊的时候，可以随心随性，但是在公开场合发言的时候，我们就需要做准备了。不过，大家要记得，这个准备，不是把一些漂亮的词句堆砌在一块，更不是把一些偶然出现但没有什么意义的思想拼凑在一起。

当众发言之前的准备，包括发言稿的准备，以及现场准备。当然，前者是重点，需要把你拥有的思想、念头、想法和原动力结合在一起。还要修饰你思考、回忆并选择最吸引你注意力的事物，然后将它们整理成为你思想的精品。

首先是限定题材范围。演讲的题目一旦选好，下一步就是要确定它所包含的范围，并且把话题限定在其中。简单来说，就是不跑题，这个大家应该很容易理解。

其次就是要深入思考题材，不能做浮光掠影的演讲。因此，在题目范围确定之后，你要问自己一些问题，比如"我为什么会相信这些？我在现实生活中有没有看到过，并能够证实它没有错误？我究竟想要证明什么？它是怎样发生的？"它可以让你加深自己对题目的了解，让你最终可以用权威的口吻来讲述这个题目。

第三是内容要具体化。如果内容太不明确，太过空泛，很难让人留下深刻印象。内容具体而明确，列举实例，再加上充满激情和采用一些新奇的词句，才会更吸引人。比如，你用"既倔强又顽皮"这样的字眼来说某个人的童年轶事，就很难吸引人们的注意力。但是，如果你换一种方法，说他的老师经常打他手心，有时候一个上午甚至要打上十次之多，这样就更吸引人。

更进一步讲，我们要让演讲充满细节。大家可以依照新闻记者写新闻故事时必备的六要素（时间、地点、人物、事件的原因、经过和结果）来准备，你的举例就会详尽周到，栩栩如生。不过，细节过多又比没有细节更糟。每个人都会被冗长而肤浅的细节搞得厌烦透顶。因此，如果演讲中全是乱糟糟的鸡毛蒜皮的琐碎事时，听众必然会不耐烦，从而分散注意力，使你的演讲失去听众。

为了让发言更生动，我们可以利用对话让演讲戏剧化。假设你要举例说明自己如何应用人际关系的原则，成功地平息了一位顾客的愤怒。把故事平淡地表述出来，不如用对话的方式更具有生动性和戏剧性，对话的方式，还可以让演讲更为真实可信。

如果有条件的话，还可以让某些内容视觉化。当众讲话虽然是一种听觉艺术，同时还是一种视觉艺术。比如，听众也许不会花很长时间听你用理论告诉他们如何挥动高尔夫球杆，但是，会全神贯注地看你的视频，或者看你表演击球的示范动作。

除了准备演讲稿，还要准备现场。如果你是唯一发言人，那么，你一定要早早地到达会议室，检查会议室是否已经布置好，音响设备是否有问题，PPT是否能够顺利播放，等等。虽然可能有主持人来做这些工作，但这也是你应该关心的。而你另一个需要在现场做的重要准备工作，是熟悉你的听众。

因为当众讲话，是你与听众的双向交流活动。如果你是在一次内部会议上，面对一群同事讲话，那么你对听众是熟悉的。但如果你应邀为另一个行业的人作客座演讲，就需要进行调查，以了解听众的需求、观点和价值观。

如果你的演讲之前还有另外一个演讲的话，要在中间喝咖啡的时候出场，与演讲室外面的人聊天。如果人们赶到一个演讲厅或会议室来听你演说的话，就要站在室内，在他们落座时与他们交谈。欢迎他们，并感谢他们的到来。

只要有可能，请在演讲开始前穿过过道，与听众握手。有时候你可以告诉他们你是谁，而另外一些时候，你可以隐姓埋名——在问他们为什么来这里时，听到一些坦率的反馈。

在演讲之前与人们建立的关系越好，演讲取得成功、满足听众需求和期望的机会就越大。原因在于，当我们与一些人会面，并建立积极的联系时，我们就为心领神会奠定了基础。不管怎样，向一群友好的人演讲，总比对一群陌生人演讲来得容易些。

绝招 55：讲好先声夺人的开场白

前面我们已经讲过，第一印象，或者说首因效应是非常重要的。别人喜不喜欢你，直接决定了他会不会好好听你讲话。当众演讲的时候也一样，我们在一开始亮相的几分钟内，就要有效地吸引听众，引出话题，建立信任，为接下来的讲话打基础。

那么，该怎么闪亮登场呢？有很多方法可以达到这个目的。比如，美国人必定先讲几句俏皮话，建立与听众的交流，取得他们好感。

他们的会议主持人，一般在演讲人开讲前先介绍几句，对演讲人赞誉有加，吹捧一番。所以演讲人上台来可以和主持人打趣："主席先生，谢谢您的褒奖。我注意到您认读我的手写体没有任何问题。"

如果主持人没有吹捧，主讲人上来也可以自我介绍一下："我是×××，你们坐在后边的听众可能看不清楚，我的形象酷似大明星汤姆·克鲁斯……坐在前排的听众，请不要与后面的听众交头接耳。"

谁都知道听众怕听冗长的演讲，所以，有的演说人是这样开头的："首先，我有两个消息向各位通报，一个好消息和一个坏消息。这坏消息是：我下面的演讲稿经过多次删减，仍然需要两个小时才能念完。那么好消息呢？我刚才所说的坏消息是假的！"

大家可以看到，这样幽默一下，可以打破紧张的气氛，效果相当不错。当然，国情不一样，而且，不同的场合需要不同的氛围，未必都需要幽默。但一般来说，我们可以按以下方法做。

首先，从共同点说起，而且越新颖越好。谈共同点，可以很好地联系起自己和听众的感情，营造出热烈的气氛。如果这个共同点再新颖一点，表达就更出众了。

比如，马克·吐温在一次宴会上这样讲道："婴儿，是我们每个人共同拥有的特点，我们不幸不能生为女人；我们大家也并非都是将军、诗人或政治家；但是谈到婴儿时，这是我们共同的话题——因为我们都曾是婴儿。"

其次，从身边事说起。大家只要留心观察，细心挖掘，身边有很多人和事都可以作为发言的话题，而且因为亲眼目睹，亲身经历，有所感有所悟，自然十分亲切，感受也会深切，具有说服力。

比如我有一次是这样开始演讲的："我今天早上打车过来的时候，一拉开车门，就看到一位中年大叔在狂笑，我心里犯嘀咕呢，没事吧？定神一听，原来司机再用广播听笑话。我放心了，坐上车，司机还一直在笑，笑着笑着，突然就不笑了，然后特无辜地回头，看着我说，刚刚坐车那人没给钱……这下换我想笑了，一直憋着。原本还在琢磨今天的演讲，心事重重挺紧张的，一下子就放松下来了。大家看，幽默的力量果然强大……"

除了从身边的故事讲起以亲切动人，我们还可以从经典的故事说起，它们一般都是关于名人轶事的，所以也会吸引听众，他们想要继续探究下面的内容，就会更加感兴趣地听下去。

比如，白岩松在一次"做文与做人"的主题演讲中是这样开始的："多年前，有一位学大提琴的年轻人去向本世纪最伟大的大提琴家卡萨尔斯讨教，我怎样才能成为一名优秀的大提琴家？卡萨尔斯面对雄心勃勃的年轻人，意味深长地回答：先成为优秀而大写的人，然后成为一名优秀和大写的音乐人，再然后就会成为一名优秀的大提琴家。"

最后，一个口才出众的人，还懂得顺手牵羊。这需要在你之前，已经有别人发言，或者主持人介绍过。那么，你就可以发挥急智，善于临场发挥，"顺手牵羊"，拿来别人的东西加以利用。

比如，有一次单位年终发言时，一位男士看到前面的发言者获得了如潮的掌声。轮到自己了，大家都在说上一个人的表现很精彩，他就说："刚才 × × 说到……我觉得他说的非常好，我也十分赞同……"

这样一来，听众会觉得你很真诚，同时，注意力也被你吸引到自己身上，而那些被你提及的人，也会觉得受到了你的关注和肯定，一举三得，效果相当不错。

绝招 56: 巧妙地从卡壳忘词里脱身

　　我们常常会看到这样的情形:有的人在台上演讲,可讲着讲着突然讲不下去了,整个人就像木头一样愣在那里了。事实上,在演讲中出现"卡壳",甚至讲不下去的情况,并不稀奇,许多人刚开始演讲时都会碰到这种情况。

　　几乎所有的人在当众讲话时,尤其是面对自己不熟悉的听众时,都容易紧张。一紧张就容易卡壳,一卡壳就更容易着急,那就更麻烦。很多人因为卡壳而措手不及,甘地夫人曾因卡壳引起尴尬发誓以后不再登治演讲;雨果演讲卡壳时,恨不得钻到地下去。所以,很多人都是这样的,一卡壳就惊恐万状。

　　我们当然不希望遇到卡壳的情况,但万一不幸遇到了,紧张害怕也没用,还是得想办法摆脱"卡壳"的尴尬。该怎么办呢?今天就跟大家一起来学习一些方法。

　　随后找回思路。不要理会头脑中的空白。你可以直接跳到后面的重点开始讲，而且随着话题的深入，你也能逐渐回忆起之前想不起来的内容。如果你想起来了，你只需要再回过头来补充一下你的想法就可以了。比如用"另外……"这样的句式来引起一段阐述。

省略部分想法。你知道自己忘记了，但别人怎么会知道你漏了一点呢？他们又不会看到你的底稿。所以，干脆放弃这一段，没有关系。有舍才有得——有时舍不下，越是拼命地想把忘记的内容想起来，越是想不起来。人的大脑有时"短路"，没有关系，干脆放弃这一段，潇洒往下走。

回头再说。"我们一会儿再回到这个话题"，你可以再补充一下："如果时间允许的话。"这样你就可以掩盖你的疏漏。如果你之后实在想不起来，没准听众也忘了呢。而且到最后，你肯定也不会有太多的时间。

用套话侃侃而谈。很多人都精通此道，他们会夸夸其谈，但并无实质性的内容。我们卡壳讲不下去的时候，也可以用一些空话、套话来填补空白，直到你找回思路为止。不管怎样，这都比冷场要强。但我建议大家，只有当你遇到紧急情况的时候，才可以将它作为最后的救命稻草。

"嗯，你肯定知道……"——陌生的词汇和专业术语，甚至一些普通的词汇，都会让很多演讲者一时语塞。比如有的人遇到"相互性""兼容性""相容性"等术语时就变得磕磕碰碰。你可以停下来，然后补上一句"嗯，你肯定知道我说的是什么"，大家一定会笑起来，并且赞同你的说法。

重复前一个思路。这样也可以自救。也许当你说道"再讲一遍"或者"简单总结一下"的时候。原先的思路就会浮出水面了。当然，如果用不同的词语把前面讲的意思再讲一遍，效果会更好，不着痕迹轻松带过。

利用互动争取时间。这是一种比较巧妙的方法。你可以说："现在请你做一下笔记。"或者"你现在有什么问题吗？"事先准备好的问题也可以帮到你："也许现在你会问……"或者"你对此有什么想法？"在讨论中可能会再次激发你的灵感。

休息片刻。当你思路中断时，可以对大家说："我们先讲到这里，休息五分钟。"当然，使用这种方法，你一定是主讲人掌握主导权，而且确实时间也差不多到了休息的时间了。

"让我们先来看第 × 点"。你可以直接进入下一个话题。为什么要"先"看，可以不必解释，你要引导听众的思维。

让听众填空。"我们刚才提到了两点，还有第三点吗？"这样的提问方式不仅为你赢得了时间，还提高了参与度和合作度。

先总结一下。这是相当高明的技巧，"让我们先回顾一下我们所讲的内容，到目前为止，我们了解了……"在总结当中，我们往往会把忘记的内容想起来。

做些琐碎的事情放松一下情绪。比如擦擦鼻子，喝点水什么的。显然，很多政治家很会玩这种技巧。你也可以偶尔为之，这样可以让自己轻松下来。

嫁祸于技术故障。你可以假装投影仪坏了，或者麦克风失灵，大屏幕被夹住了，电线被扯断了等，或者你可以自己制造这样的故障。不管怎样，都比尴尬地站在那里一言不发要好。

先做个游戏，互动一下。这也是比较好的技巧，确实忘记了你的演讲内容，没关系，先让大家一起互动一下，站起来动一下，或是做个小游戏，或是唱一首歌，大家在轻松的气氛中，早就忘记了你的尴尬。

干脆看一下提纲。这是比较保险的方法，也不会产生太大的异议。所以，建议你每次演讲前，把大致的提纲先写好，带在身上，或是放在讲台上。偶尔中断了，不妨从容地去看下提纲，有备无患。

没有哪位成功的演讲者从不怯场。一旦出现卡壳，大家不要太急，一急会卡得更厉害。只要你能够调节情绪学会放松，然后加上一些技巧，就可以更得体地处理好卡壳的小意外。

绝招 57：给你的语言加点调料

当众讲话时，有的人只是平铺直叙，是什么就说什么，不会一点点地修辞和渲染，不会给听众制造一点点的新奇，这样讲出来的话，虽然不会有什么大错，但是不吸引人，难打动人，干巴巴没营养，无趣又无味。

可是，如果能够在语言里面加点调料，就像清汤里加了一点葱末和香菜，味道就出来了。具体该怎么加调料呢？下来给大家一些建议。

增加趣味性。利用更有趣、更有吸引力的语言让听众对你的发言产生兴趣。这种机巧的话语，意味深长而又充满情趣。

比如，崔永元在北京大学校友会上的演讲，有一段是这样说的："前几天在拉斯维加斯，我看见一家酒吧，为了防止妓女在酒吧拉客，贴出一条标语：女士们，如果您是妓女，请不要在这里拉客。如果您搞不清自己是不是妓女，我们可以提供免费咨询。如果在我们国家，这条标语就会写着：严厉打击卖淫嫖娼！"现场顿时响起了大笑声。

大家要记得，听众对讲话者的要求是：厌繁杂、喜精短；厌粗俗、喜新颖；厌空洞、喜形象。所以，让你的语言更有趣味，气氛也就更活跃。

增强煽动性。常言道，"语为情动，言为心声"。煽动性除了体现在文字上，更表现在你的声音上。语调时高时低，频率时缓时急，时而慷慨激昂，时而声情并茂，时而机智幽默，时而妙趣横生，时而抑扬顿挫，在严峻复杂的场合神态坚定冷静，在悲痛的场合稳重严谨，在欢欣热烈的场合热情洋溢，等等。如果你能用声音营造出合适的气氛，就会深深感染听众，扣人心弦。

比如，英国电影艺术家卓别林《要为自由而战斗》中说道："战士们，你们别去为那些野兽们卖命啊！他们鄙视你们，限定你们的伙食，拿你们当炮灰。你们别去受这些丧失理性的摆布，他们都是机器人，长的机器脑袋，机器心肝！可你们不是机器人，你们是人，你们有着人爱！"

他的演讲，不仅言辞恳切，而且语气坚定，对于盲目状态下被人利用的士兵，具有强大的号召力，起到了良好的煽动情绪的作用。

加强情感渗透。如果说上一条要求有煽动性，那么这一条是要求煽情。发言一般都是有感而发的，当讲到感动过自己的人和事时，就会自然而然把自己的情感态度流露和表达出来，而加强这种情感的渗透，会使发言更加富有感染力。

比如，雷军在小米手机发布会上是这样讲的：

"上周四晚上，我们再次开会讨论。那天晚上，雨雪交加，寒风刺骨。在小米楼下，我看到有四五个年轻人在用手机拍来拍去。看着他们急于要和小米 LOGO 合影的样子，我想他们应该不是小米的员工。他们或者是路过，或者是远道而来，为的只是来看小米一眼，和今天远道而来的所有米粉们一样，我想他们爱小米。那一刹那，我有点小冲动，很想邀请他们到我的办公室去坐一坐，给他们倒杯热茶……"

多一些"惊世骇俗"之语。如果能根据听众的特点，适当地运用一些修辞手段，或加点小故事，就会让讲话生动活泼，感染力强。

比如，马云在一次演讲中以"爱迪生欺骗了世界"为名，开头就来了一个出其不意："世界上很多非常聪明并且受过高等教育的人无法成功，就是因为他们从小就受到了错误的教育，他们养成了勤劳的恶习。很多人都记得爱迪生说的那句话吧？天才就是 99% 的汗水加上 1% 的灵感，并且被这句话误导了一生。勤勤恳恳地奋斗，最终却碌碌无为。其实，爱迪生是因为懒得去找他成功的真正原因，才编了这句话来误导我们。"

这样的话一下子调动起了听众的兴趣：难道爱迪生说的这句话不对？接下来马云才列举了大量事实来支撑他的观点，原来他是从另一个角度来谈论成功，意思是说成功更需要心和脑，而不是一味地傻干、蛮干。这样"反弹琵琶"的立意，使他的讲话新奇深刻，带给听众强烈的震撼。

绝招 58：开会发言，刷出存在感

工作中，我们经常会遇到大大小小的会议，大家共同讨论最近几周公司情况，也会讨论工作内容等，当领导发完言之后，坐在一旁的你，心头冒出一些想法，该如何表达出来呢？

很多人在会议中会突然冒出来一些很好的想法，很想和大家分享，却不知道应该在什么时候提出来；或者，在会议的进程中你突然意识到，前面一个同事的发言是错误的，你很想指出来，但是不知道应该选择怎样的时机。还有一种更糟糕的情况：在整场会议中，你一直在不停地点头、微笑以表示赞同，但是没有人注意到你的存在。

在会议的进程中，说出自己的想法，无论是插话、纠正别人的错误，或是要求别人再一次阐明观点，这些做法都需要技巧才能让所有人舒服。下面我给大家一些技巧，它可以帮你在团队讨论和会议中有效地插嘴，发表自己的想法和观点。

当你有一个想法时。通常，人们在会议中遇到这种情况会选择保持缄默，因为他们害怕自己说错、被别人视为无知，或是提出了一个在别人看来很傻的观点。要克服这种恐惧心理的方法是，你要你的想法不带个人色彩，要针对整个团体来发问。如果你觉得自己可能有一个很好的观点，但是你对此还不够自信，你可以这样说：

"我们是否考虑过……要让林达直接加入到公关活动中来？"

"是否有人提到过……林达的报告？我似乎记得刚才讨论的一些主题在林达的报告里也提到了。"

"我们也许需要考虑的另一个选择……是将截止日期推到 10 月初？"

"是否值得我们重新评估一下……上周已经达成一致意见的关于产品规格议题的会议记录？"

上述这些问题的潜在信息是：你在为团队的讨论做贡献，在为团队增加价值——你不是在全权负责一个议题，或是要控制整个谈话。通过使用非正式的问题或阐明性的陈述，你能够很好地提出自己的想法，同时自己又不用为这个提议承担过多的责任。

当你要表示异议时。也许，你不想反对任何人，不想引起任何不愉快。不过，工作中，倘若你一味赞同别人，没有任何反对意见，暂且不说自己的利益会受损失，在领导眼里这也绝对不是个优点。因为对别人没有意见，意味着自己没有主见，甚至会被认为没有思想没有能力。所以，有不同意见，你可以讲，只是要用点技巧。下面是一些技巧和有用的短语，你可以灵活运用。

要直言不讳："对不起，林达，我尊敬你，无意冒犯，但不太赞同您的评估。"或是："根据我的经验，我觉得或许不是这样的……我发现这个团队的参与度很高。"

要保持谨慎："我要故意唱一唱反调了。让我们来试想一下，如果我们采用相反的途径，使用直邮营销而不是仅仅依赖于社交媒体的效应，那结果会怎样呢？"

要带有"挑衅性"："在这里，我想误导大家一下……对不得不接受这笔交易的前提条件提出质疑。"

当你感到困惑时。还有什么比坐在那里，却完全不了解会议到底在说什么更糟糕的事情呢？你或许在理解上晚了一步，在错的时候发表了看法，或者根本不清楚正在进行的议题是什么，而且随着会议的持续进行，你觉得自己越来越难跟上了。无论当时是什么情况，当你发现自己跟不上会议进展时，可以试着使用下面这些很好的短语：

"原谅我，我有点跟不上了，觉得有些困惑……你建议我们讨论哪个营销方案？"

"我觉得有点跟不上你的思路，您刚才说要考虑什么来着……是8月份交付货物吗？"

"我敢肯定这一点已经说过了，不过能否重复一下……刚才说到，下周的会议大概会有多少出席者？"

"很抱歉，或许在座的各位都已经很清楚了，但是我想问一下CAF（成本加运费价格）是什么？"

"这个问题或许很傻，但是我还没有完全明白，为什么……我们不用铁路，而要用大货车来运输？"

如果你能在会议中说出自己的想法，无论是提出新的观点、纠正一个错误概念，还是让自己搞清楚会议的进程，最终你会发现自己在会议中能表现得更好。

最后提醒大家一点，在发言时，你要把目光投向那些你希望与之进行积极对话的人。这会确保他们不至于由于抱有自己的想法，而对你的观点置若罔闻，尤其是当你希望他们支持你的主张时。在说话时，慢慢地把目光投向一个又一个观众，并在每个人脸上稍作停留，这会帮助你在说话时给人留下最大程度的视觉印象。

绝招 59：即兴发言，怎样张口就来

"讲话？开什么玩笑！事先又没通知准备一下……"突遭意外，你有点发蒙，但毕竟是公众场合，还是硬着头皮站出来，"各位，我觉得……我想……我来说两句吧……其实刚才都说过了……"刚说了两句，你脸就红了，场面一下子变得很尴尬。

也许很多人都有过类似的经历。的确，即兴讲话对语言能力的要求很高，不仅反应灵敏还要恰到好处，这样才能让人佩服你的口才和见识。很多人只是跟朋友等熟悉的人在一起时，才会流利地组织语言，但是在比较正式庄重的场合，就缺少讲话的能力。由于平时训练少，站在大众面前，心中难免紧张、怯场，也就很难给出令人满意的表现。

总体来说，即兴发言中最影响大家发挥的重要原因是怯场，根源是没有信心。一个胸有成竹的人，虽然难免紧张，也会成功地克服。所以首先我们要克服怯场与紧张。

如果突然遭遇点名讲话，没有时间放松，不妨深深吸一口气，然后暗示自己：我一定行，这没什么大不了，千万沉住气……同时，一方面要认为"我很健谈"，即使你不是真的很健谈，也要给自己这样积极的心理暗示；另一方面，对自己期望不要太高，适度降低求胜动机，就可以减轻心理负担，真正做到轻装上阵。

在即兴讲话中，最重要、最关键的是主题，也就是"你想说什么"。确定了主题以后，就可以让每一层次、每一段落、每一个句子、每一个词都围绕着这个意思展开。所以，即兴讲话要寻找切入点，然后再加上临场发挥，综合出有逻辑又有思想的言语。

一般来说，我们可以遵循"我发现——我认为——我建议或我相信"这样的三段论展开论述。大家可以用提纲挈领法，比如"听了刚才的讲座，有四个字不断地涌现在我的脑海中，它们是……"然后分别阐述就可以了。

也可以用数字串连法，比如："对于今天的回忆，我的评价概括起来是两句话：两个新突破，三种好势头。"接下来也分别阐述。

还可以畅抒情怀法，就像是一首煽情的散文诗。当然，这种发言适合文艺活动，跟主题的气氛比较一致。

也可以直接陈述，把刚才的情形描述一番，接着谈谈自己的感受，这种方法不那么出彩，但比较实用，尤其适用于被突然袭击要求讲话，但是你自己又没有太多感触的时候。

除此之外，在即兴发言的语言技巧方面，我们还要注意两点。

第一是话题一定要集中，针对性强。即兴发言，一般是对近期或眼前情况有感而发的，因此话题内容选取角度较小，说明议论求准，求精，求新。

比如，"各位同事大家好！在这辞旧迎新的日子里，和大家聚在一起，我的心情无比高兴和感恩，感谢公司对我的信任、领导对我的培养、同事对我的帮助，在此我向大家表示衷心的感谢。祝愿公司和大家一起，在新的一年里，怀有更执着的梦想，以更从容的姿态，迈出更自信的步伐。"

第二是语言要生动活泼，短小精悍。即兴演讲往往要求贴近生活实际，短小精悍，简明扼要。时间上一般控制在 1 ~ 5 分钟之内，有的甚至只有一句简短的话。既然短，要想让人印象深刻，就得精辟，或者新颖，尽量不要讲冗长杂散、啰唆重复、不着边际的空话。

另外，其实即兴演讲也是可以充分准备的。大家只要有心，不妨把每一次开会、听人当众演讲的场合，都当做即兴发言的机会，即使你不登台，也要在心里有所练习。经常这样坚持下去，等你真的需要即兴演

讲的时候，也就不会出现手足无措、语无伦次的尴尬。

绝招 60：宴会讲话，套话加特色

宴会发言，是我们日常生活中最经常遇到的一种即兴发言情况。不管是婚礼致词、生日致词，还是欢迎词、倡议词、告别词、答谢词、祝酒词、凭吊词等，大家都有可能被点到名。

可是，很多人是害怕自己被叫起来的，因为如果突然被叫起来，可是才思不够敏捷，甚至端着酒结结巴巴说不下去，大家手里举着酒，又不能放下来，又不好喝下去，这才叫尴尬。

在丝毫没有准备的情况下，被推举出来提议祝酒，可能是非常令人紧张的。其实没关系，祝酒词从来用不着太长。你可以说一些简单的套话摆脱困境，大家只要平时多注意记一些这样的套话，就能应急了。比如：

"很高兴今天能跟大家共聚一堂"或"向出色的朋友和伟大的领导林

先生致意"，或者"今天 ×× 能够抽出宝贵时间，前来赏光，我倍感荣幸，为了感谢 ×× 的光临，请 ×× 提议，我们首先干两杯！""路漫漫，岁悠悠，世上不可能还有什么比友谊更珍贵。我真诚地希望我们能永远守住这份珍贵。在此，请大家举杯，让我们共同为同学情谊而干杯！"

但是，如果你想表现得更有风度，更有口才，就可以在套话的基础上，增加一些回忆、赞美以及相关的故事或笑话。然而，祝酒词应当与场合相吻合。幽默感在葬礼上可能显得不合时宜，婚礼上的祝酒词应该侧重于情感方面，欢送辞则应当侧重于怀旧，等等。

总体来说，宴会发言的时候，大家需要注意下面几点原则。

首先是要尽量简短。宴会发言一定要避免长篇大论，以及空洞的说教。比如，祝酒词一般是在饮第一杯酒之前说的，因此，祝酒词必须短小精悍，千万不能太长太啰唆。因为大家举杯，情绪高昂，要是啰唆半天，热乎劲儿就冷了。

第二，要围绕一个主题。比如，你一旦开始祝酒，就不要离题，要沿着一个主题，保持一个完整的结构，逐步趋向一个明快、自信的邀请，让每个人都举起酒杯，还要把你所祝愿的那个人（或那些人）的名字准确无误地牢牢地记在脑子里。你的主题可以着眼于被祝愿的人的成就或品质，一件事情的重要意义，伙伴们的乐事，个人的成长或集体工作的益处，等等。

第三，发言内容必须与场面气氛相符。有些宴会比较正式，就必须用正式的致词方式，有些比较轻松活泼的，就必须带有喜庆的语气。例如，老友聚会，那么你可以说："此时此刻，我从心里感谢诸位光临，我极为留恋过去的时光，因为它有着令我心醉的友情，但愿今后的岁月也一如既往，来吧，让我们举杯，彼此赠送一个美好的祝愿。"

第四，避免冲突和对抗性的发言。宴会是大家相聚的场所，气氛融洽，发言时应避免冲突和对抗性的发言，如有意见和建议可以在会后再沟通。

第五，要尽量让自己的声音听起来真诚，感情也要溢于言表。无论是接待客人，与客户的工作聚会还是与友人的感情聚会，宴会上的发言只有真情真意，才能使宴会成为联络感情的黏合剂，以自己的真诚和着酒的作用，才能为接下来的宴会奠定良好的情感基调。

最后，宴会发言需遵循一定的礼仪。首先，要听从主人或主持人的安排，大都以即兴为主。宴会场面，通常会有主持人主持，所以发言的次序必须根据主持人的安排。其次，发言中要遵守现场的礼仪，根据情况不同，有些需起立站在原位，有些需站在主席台前。发言中要保持高度的礼节性，这虽然不需要开口说话，但无形中透露了你的教养。

第十二章

如何成功地
说服一个人？

也许我们常常遇到这样一种情景：分明你自己的观点更有道理，但就是不能说服对方，有时还会被对方驳得哑口无言。这是什么原因呢？极少有人喜欢被说服，那往往意味着要否定自己原有的观点。所以，想要成功说服别人，让对方赞同自己的观点，光是观点正确还不够，还要增强自己的说服能力。

延伸阅读 >>>

会说话的人，
一定更懂得听！

绝招 61：用例证攻破对方的心理防线

你准备说服一个人，什么样的证据最有说服力呢？如果向对方提供可靠的资料，而不是个人的看法，就会增加说服力。那么，什么资料才可靠呢——例证。

因为每个人都有不同程度的从众倾向，总是倾向与跟随大多数人的想法或态度，以证明自己并不孤立。"人多"本身就是说服力的一个明证，很少有人能够在众口一词的情况下还坚持自己的不同意见。

正是由于从众心理的存在，人类具有相信"自己人"的倾向，所以，让事实说话，才更有力量。个别具体化的事例和经验，比概括的论证和一般原则更有说服力。他邻居的三舅姥爷身上发生的事，也比你的科学结论更让他信服。老顾客介绍的新客户之所以成交率更高，原因正在于此。

正如心理学家哈斯所说的："一个造酒厂的领导可以告诉你为什么一种啤酒比另一种好，但你的朋友，不管是知识渊博的，还是学识疏浅的，却可能对你选择哪一种啤酒具有更大的影响。"

我有一位学生从事保险销售工作，他给我们说起过这样一个他遇到的例子。

他一直想销售保险给一家加油站的领导，却一直不能成功。因为这个领导已经买了 4000 块钱的寿险，他觉得已经足够了。

但是有一天，客户忽然向他说道："小张，你今晚可不可以到我家里来一趟呢？也许，我应该再多买一些保险。"

他问客户为什么突然有这种想法。客户回答："我有一个妹妹刚结婚一年半，刚生了一个小宝宝。可是谁也没想到，她老公年纪轻轻就不幸得了绝症，我们刚参加过他的葬礼。现在，我妹妹只能自己想办法赚钱养活小婴儿，我们都替她发愁。但我老婆的同事，老公五六十岁，前一阵子去世了，因为有保险，还给老婆孩子留了一大笔钱。

客户总是会相信看到的，相信某种已经得到了证明的产品。所以，身边活生生的事例，比你的言语更有说服力。而我们要做的，就是在你想要说服别人的时候，除了讲道理，还要多"摆事实"。

也许，你早就认识到了实例的宝贵价值，也在努力搜集例子。但是，你千万要记得，尽管你很想得到更符合你利益的事例，也要保证事例是真实的。一旦让对方发现你在编造事例试图诱导他们，后果肯定是相当糟糕的。真实是事例的首要原则，然后你需要针对自己的重点，准备有趣、有说服力的实例。

所以你需要留心收集这些真实有用的故事。怎样收集呢？基本上，我们的案例可以分为两类，一类是读书看报看杂志，从新闻和书籍上记载的故事中得到；另一类是我们身边发生的，可以是你自己亲眼看到的，也可以是你听说的。但是，如果是道听途说的案例，对于它们的真实性，你要多留心。

随时随地，只要你留意，都可以得到一些实例。大家平时多收集一些，需要的时候就可以拿出来用了。

现在，我们已经知道了，他人的成功经验是你说服别人时的一个重要影响因素。那么人们最容易被什么例子影响呢？不一定是权威，也不一定是名人，而是——例子中的人与你想要说服的人相似之处越多，例证所能达到的说服效果越好。也就是说，选择例证时，我们要抛弃主观因素，不一定要选你认为最优秀的案例，能让对方感同身受的例子，才是最佳选择。

举个例子，如果你想让美容沙龙的领导购买一款软件，那么能影响到她的答复的，一定是其他使用过该软件的沙龙领导的意见，而不会是航空公司什么大人物的意见。因为沙龙店领导会认为："既然同行对这款软件评价这么好，我买来用也不会有错的。"

绝招 62：一开始就让对方说"是"

1975 年，一位名叫查尔迪尼的心理学家，在为慈善机构募捐时，只不过多说了一句"哪怕是一分钱也好"的话，便多募捐到一倍的钱物。查尔迪尼这样分析说：

"对人们提出一个非常简单的要求时，人们难以拒绝，因为他们害怕别人觉得自己不通人情；当人们接受了这个简单的要求之后，再提出一个比较高的要求，人们一般会更易接受。这是因为，只要你接受了别人一个微不足道的请求后，对于更大的请求便不会觉得有多困难或不好意思再拒绝别人的请求。"

一列商队在沙漠中艰难的前进，昼行夜宿，日子过得很艰苦。一天晚上，主人搭起了帐篷，在其中安静地看书，忽然，他的仆人伸进头来，对他说"主人啊，外面好冷啊，您能不能允许我将头伸进帐篷里暖和一下？"主人是很善良的，欣然同意了他的请求。

过了一会，仆人说道："主人啊，我的头暖和了，可是脖子还冷得要命，您能不能允许我把上半身也伸进来呢？"主人又同意了。可是帐篷太小，主人只好把自己的桌子向外挪了挪。

又过了一会儿，仆人又说："主人啊，能不能让我把脚伸进来呢？我这样一部分冷、一部分热，又倾斜着身子，实在很难受啊。"主人又同意了，可是帐篷也太小了，两个人实在太挤，他只好搬到了帐篷外边。

故事夸张了点，但道理是真的，这个现象被称为"登门槛效应"，如果站在门外销售产品，你的推销多半会失败；而一旦进入主人家中再推销产品，成功率就会大大提高。

也就是说，如果人们答应了某个小请求，那么他们很可能会答应更大的请求。所以，我们在提出一个很大的请求之前，先提出一个较小的请求，从而增大让他人接受更大请求的可能性的一种现象。

通俗地说，就像我们登台阶一样，我们要走进一扇门，不可以一步飞跃，只有从脚下的台阶开始，一个台阶、一个台阶地登上去，才能最终走进门里。

这种效应在生活中的应用很多。

想请别人做一件事，如果直接把全部任务都交给他，往往会让人家产生畏难情绪，拒绝你的请求；而如果化整为零，先请他作开头的一小部分，再一点一点请他做接下来的部分，别人往往会想，既然开始都做了，就善始善终吧，于是就会帮忙到底。

精明的售货员为打消顾客的顾虑，"慷慨"地让顾客试一试。当顾客将衣服穿在身上时，他会称赞该衣服很合适，并周到地为你服务。在这种情况下，当他劝你买下时，很多顾客就会难以拒绝了。但假如你试都没试，就更容易拒绝。

说服别人的时候，我们也一样可以使用这种循序渐进的说服方式。只是，使用这种方法的时候，应该尽量使谈话在融洽的环境下进行，注意语言技巧，避免使用直接关系到购买的言语和假设性语言。

比如：出色的珠宝商人把一枚钻戒戴在一位太太的手指上之后，悄悄地观察她的反应。没有等到顾客做出明确的举动，珠宝商人就说："好是好，只是稍微大了点。不过，我会把它弄得完美无缺。夫人，请问您名字的第一个字母是什么？我会替您把它刻在戒指上。"他的话，听起来完全是一幅顾客已经购买了他的钻戒的样子，实际上顾客最后确实会这么做的。

在说服别人的时候，这种技巧，对于让对方做出决策能够起到良好的作用。当他们一开始就说"是"，先接受了一个小的要求后，为保持形象的一致，他可能接受一项重大、更不合意的要求，从而让你获得成功。

绝招 63：投射效应，像对方一样思考

你特别喜欢吃葡萄，所以你爱上了一个姑娘，天天给她买葡萄，因为你觉得她一定也爱吃。我们总是不自觉地把自己心里想的，投射到别人身上，认为别人也一样，在心理学上，这叫"投射效应"。

我们可能都遇到过这样的事情：在路上向别人点头致意，对方却置之不理；和别人打招呼，对方却悄无声息。遇到这种情况，你可能会想："他这是什么意思？瞧不起我啊？还是对我有意见？"其实对方很可能在专心想一件事，或者因为近视眼没有注意到你而已。

如果你在拥挤的公交车上被别人踩到了脚，而对方却没有道歉，你会愤怒地觉得对方是个没教养的家伙。可是当你穿过拥挤的人群准备下车时，狠狠地踩了别人一脚，却因为要下车来不及道歉时，你心里会为自己辩解："太挤了，实在没办法。"

人与人之间的很多误解，都是这种性质的。所以，在说服别人的时候，我们需要避免投射效应，真正学会换位思考，设身处地地站在对方的立场上去看问题。想对方所想，你才能理解对方的需要和情感，也更容易达成共识。

其实，道理也很简单。不了解对方的立场、感受及想法，我们就无法正确地思考与回应，所以替别人想在说服中显得尤为重要。

就拿销售来说吧，你想从客户的口袋里掏钱，必须给客户一个掏钱的理由。这个理由源自哪里，源自客户的内心！只有真正体会到客户思维的销售，才是真正的销售高手。

你想卖给一个老太太一颗足球几乎是不可能的，除非你提醒她，她可以送给自己的孙子。以老太太的心态，替她想问题，这才是说服别人的王道！

著名口才大师卡耐基，有一次租用某家饭店的大礼堂来讲课。有一天，他突然接到通知，租金要增加三倍。卡耐基去与经理交涉。他说："我接到通知，有点儿震惊，不过这不怪你。如果我是你，我也会那样做。因为你是饭店的经理，你的职责是尽可能使饭店获利。"

紧接着，卡耐基为他算了一笔账："将礼堂用于办舞会、晚会，当然会获大利。但你撵走了我，也等于撵走了成千上万有文化的中层管理人员，而他们光顾贵饭店，是你花五千元也买不到的活广告。那么哪样更有利呢？"经理被他说服了。

卡耐基之所以成功，在于当他说"如果我是你，我也会这样做"时，他已经完全站到了经理的角度。接着，他站在经理的角度上算了一笔账，抓住了经理的诉求：赢利，使经理心甘情愿地把天平砝码加到卡耐基这边。

人都有一个共同的特点，那就是，都不愿意做"非出本意"的事情。如果我们不能抓住对方的心理，"对症下药"地去说服别人，别人是不会接受你的观点的。

设身处地替别人着想，了解别人的态度和观点，这样做的好处是，不但能得到你与对方的沟通和谅解，而且能更清楚地了解对方的思想轨迹以及其中的"要害点"，瞄准目标，击中"要害"，就会让你的说服力大大提高。

绝招64：追求双赢，兼顾双方立场

丘吉尔有句名言："世界上没有永恒的敌人，也没有永恒的朋友，只有永恒的利益。"这句话在很多场合都是非常适用的。不管你想要说服的对象，是自己的亲朋好友，还是眼中钉肉中刺，都可以用双赢思维来考虑问题。

可能，在面对一个你并不喜欢的人时，你并不在乎他的利益。"管他怎样呢，我赢了不就行了？"没错，你可以这样想。但对方也会这样想，那你们还能谈判成功吗？以这样的心理，你能成功说服别人吗？所以，只要你想成功地说服别人，不管那个人是谁，只要不是傻子，你就要同时兼顾双方立场。

我们以商务谈判为例吧。毫无疑问，在商场上，利益永远都是排在第一位的，各种商务活动的开展，无不是围绕各种利益展开的。同样，商务谈判的目的，也是为了谋求自身最大的利益。只有确定能够得到某种利益，或者说，只有双方都能从与对方的合作中得到某种利益，谈判活动才可能进一步展开。

这就表明，利益是双方面的，谈判者在为自身谋求最大利益的同时，必须要兼顾对方的利益，否则谈判活动就无从开展。因此，谈判就是要协调双方的利益，让大家都能寻求到一个都感到满意的利益共同点，而这种协调的过程，就构成了谈判双方在谈判桌上的所有内容。

在劳力士与世界著名的网球明星克丽丝蒂娜的合作谈判过程中，劳力士就以非常巧妙的方式使克丽丝蒂娜做出了最大程度的妥协。

当初想与网球明星克里丝蒂娜合作的有很多公司，这些公司为了让这位举世闻名的体育明星成为自家品牌的代言人，纷纷许诺以高价与其合作，但克丽丝蒂娜更希望与品牌影响力更强的劳力士手表公司合作，因为劳力士手表公司具有世界一流的技术水平和质量，而且还拥有其他公司无可替代的产品美誉度。

而对于劳力士公司来说，与这位世界级的网球明星合作无疑更有利于公司品牌的进一步延伸和公司影响力的不断增强，但是劳力士却不愿意为此而花费巨额报酬。

如何才能花更少的钱，做更好的事呢？在这场激烈的争夺战中，这种想法似乎是痴人说梦，但不久以后，劳力士公司就把这个美丽的梦想变成了现实。他们是如何做到这些的呢？

原来，在和克丽丝蒂娜接触的过程中，劳力士公司始终让这位网球明星注意到：如果和其他公司联手，凭借自己在网球运动方面的知名度以及在体育史上的地位或许能保证其获得更好的报酬，但是如果选择劳力士作为合作伙伴，那么这种联合将会体现出一流的水平和质量。在几经权衡之下，克丽丝蒂娜决定在报酬方面做出让步，最终选择和劳力士签约。

商务谈判的目的，就是为了谋求自身最大的利益，如果谈判双方的利益不能得到最有效的协调，那么谈判就会陷入僵局，以至于无法实现谈判的目的。

所以，你考虑对方的立场，不是因为你真的充满善意，但是却可以传递出这种友好的信息。而你追求双赢时所做的让步，也不仅仅是为了息事宁人。更重要的是，它能找到同时满足双方需要的办法。谈判起因于需要，需要和对需要的满足，是谈判双方所共同追求的，只有在谈判中尽量满足双方的需求，谈判才会有一个皆大欢喜的结果，你才能成功说服别人。

假如你是一个口才出色的人，就会懂得一个道理，让对方把兴趣集中在自身的主要利益上，从而在其他利益上做出更大的让步，而自己呢，从中获得更大的收益。

绝招 65：引导，让他自己说服自己

有位家长买了一本中学生作文大全，他觉得这真是一本好书，就迫不及待地把它推荐给儿子，说："这本书要认真读，多读几遍，领会其精髓。按照书上介绍的原则去做，会对你的作文有很大帮助的。你要在课余时间多阅读，并写出心得体会。"

第一天，儿子读了几页，兴趣不浓。第二天，又勉强读了几页。第三天，儿子还是非常被动地读，显得非常不开心。

看着儿子读书深入不进去的样子，他恨不得替他读，并抱怨道："这么好的书，你都不愿意读。不读书怎么能进步！"

儿子也不甘示弱，针锋相对地说："读书也要强制吗？你认为好，你可以读嘛！我还有那么多作业要做。"就这样你一言，我一语，争吵逐步升级，儿子把门一甩睡觉去了。

显然，这位父亲的说服是很失败的，越是独立性强的孩子，越有主见，说服他们的时候就越要强调"服"。你要是觉得自己是家长，就可以强迫孩子无条件地去做某事，那你是很难让他服的。所以，想说服孩子，也得让他知道为什么要做这件事，引导它，而不是强迫它。

有一个精神病人，以为自己是一只蘑菇，于是他每天都撑着一把伞蹲在房间的墙角里，不吃也不喝，像一只真正的蘑菇一样。心理医生想了一个办法。

有一天，心理医生也撑了一把伞，蹲坐在了病人的旁边。病人很奇怪地问："你是谁呀？"医生回答："我也是一只蘑菇呀。"病人点点头，继续做他的蘑菇。

过了一会儿，医生站了起来，在房间里走来走去，病人就问他："你不是蘑菇吗，怎么可以走来走去？"医生回答说："蘑菇当然也可以走来走去啦！病人觉得有道理，就也站起来走走。"

又过了一会儿，医生拿出一个汉堡包开始吃，病人又问："咦，你不是蘑菇吗，怎么可以吃东西？"医生理直气壮地回答："蘑菇当然也可以吃东西呀！"

病人觉得很对，于是也开始吃东西。几个星期以后，这个精神病人就能像正常人一样生活了，虽然，他还觉得自己是一只蘑菇。

讲这个故事，是想告诉大家，一个人是很难真正说服另一个人，我们努力的方向，是引导对方说服自己。所以，你要通过一些有倾向性的话语，让对方和你进入同一个频道，一步一步引导对方按着你的思路来，最终让他得出一个"自己得出的结论"。这样一来，你也就成功地说服了他，而且是不动声色、悄无声息地。

比如上面故事中的父亲，假如他跟孩子说："我今天看到这本书，买的人挺多，觉得你可能会需要。你要不要读读看，是不是有大家说的那么好。"儿子出于好奇心理，可能就认真翻看了。即便出于逆反心理，他想要挑刺证明书不好，也会去阅读的。

父亲说服儿子，可以用引导。而下属说服领导，就更需要引导了。你要努力引导，把你的想法变成他的想法。你完全可以让领导认为，这个观点、新想法，完全是他自己想出来的。他当然就会按照你的设想去做了。只是要记得，使用这种方法时需要花一些时间和耐性，切勿急躁。

绝招 66：顺水推舟，阻力最小最省力

在说服别人的过程中，"顺水推舟"是一种很有用的策略。因为，渴

望被了解和认同是人之常情，我们可以从对方意见中找出彼此看法一致的非实质性内容，予以肯定，产生共鸣，造成"英雄所见略同"之感。然后，再顺势表达不同的意见。

使用这种方法的时候，表面上，你是认同对方观点的，而且还在顺应对方的逻辑进行推导。但是，在推导中，你要根据自己的需要，设置某些符合情理的障碍，让对方的观点在你所增设的条件下不能成立，或者得出与对方观点截然相反的结论。

当对方发现，他自己的想法有错误，他们就会知难而退，你也可以顺水推舟给对方一个台阶下。这种说服别人的方法，是阻力最小的。

比如，跟朋友在讨论"愚公该移山还是搬家"这个问题的时候，对方说："愚公搬家解决了困难，保护了资源，节省了人力、财力，这不比移山好多了？"

你可以用顺水推舟的方法这样回答："是啊，让愚公搬家，不失为一种解决问题的好办法。可是，愚公住的地方连门都很难出去，家又怎么搬？可见，搬家不是不能考虑，可是也得在移完山之后再搬呀。"

再比如，某玩具公司经理，在面对经销商对产品知名度的诘难和质疑时，坦然地说："正如您所说，我们的品牌不是很有名。可我们将大部分经费运用在产品研发上，因此，我们的产品款式新颖，质量上乘。面市以来，一直产销两旺，市场前景十分看好，有些地方竟然脱销……"

这种策略的实质，就是抽象肯定，具体否定。抽象肯定，让对方得到心理上的满足；具体否定，则可以促使话锋向着对自己有利的方向发展。

一家乳制品工厂，来了一位怒气冲天的顾客，声称自己在他们生产的乳制品中发现一只活苍蝇，要求赔偿自己的精神损失。之后，这位顾客提出一个天文数字的赔偿数目。

事实上，在密封无氧的包装中，根本不可能有活的苍蝇在里面。但由于这个事件关系到公司的商誉，工厂负责人没说什么，只是很有礼貌地请顾客到会客室里，为对方倒了杯水，然后慢条斯理地说：

"先生，看来真有你说的那么回事，这显然是我们的错误，你放心，你会得到合理的赔偿。由于此事事关重大，我们绝对不会忽视的，这样吧，你稍等一下。"然后，他一脸严肃地命令一位工程师："你马上去关闭所有的机器，虽然我们的生产流程中不应该会有这种失误，但这位先生既然发现了，我们就有义务给顾客一个满意的答复。"

那位顾客本来只是想用这个借口来诈骗一些钱，但他没有想到，自己的话会引起如此严重的后果，顿时担心自己的花招被拆穿，那样一来，他会被要求赔偿整个工厂因停工而造成的损失，那么即使他倾家荡产也赔不起。

于是他开始感到害怕，表示这事儿就算了，以后不要再发生类似的事情。就这样，他给自己找了一个理由拔腿就走。

大家可以看到，在一些棘手的问题面前，比如面对客户、面对领导、面对父母，你不方便直接否定、顶撞的时候，用这种方法会有意想不到的效果。

　　而且，不管是谈判还是日常的闲聊，假如对方执拗于某一个错误的道理或者荒唐的念头，往往是由于思维逻辑出现了错误。在这种情况下，你想要说服固执的他是很难的。但是，如果你能够顺水推舟地指出他的逻辑错误，问题就迎刃而解了。